DEUTSCHE AKADEMIE DER WISSENSCHAFTEN ZU BERLIN
VORTRÄGE UND SCHRIFTEN
HEFT 59

Rudolf Agricola

DER GEGENWÄRTIGE STAND DER ÖKONOMISCHEN WISSENSCHAFT IN WESTDEUTSCHLAND

1956

AKADEMIE-VERLAG · BERLIN

Vortrag, gehalten auf der Konferenz des Instituts für Wirtschaftswissenschaften der Deutschen Akademie der Wissenschaften zu Berlin vom 26.-29. Januar 1956

Zum Druck angenommen für die Vorträge und Schriften von der Klasse für Philosophie, Geschichte, Staats-, Rechts- und Wirtschaftswissenschaften am 16. Februar 1956

Erschienen im Akademie-Verlag GmbH., Berlin W 8, Mohrenstraße 39
Lizenz-Nr. 202 · 100/481/56
Satz und Druck: Druckhaus „Maxim Gorki", Altenburg (Bez. Leipzig)
Bestell- und Verlagsnummer: 2003/59
Preis: DM 1,20
Printed in Germany

INHALTSVERZEICHNIS

Einleitung

Es ist eine wichtige Aufgabe der Wirtschaftswissenschaftler in der Deutschen Demokratischen Republik, die fortschrittlichen Ökonomen in Westdeutschland bei der Lösung der ihnen gestellten Aufgaben zu unterstützen, den Arbeitern und den werktätigen Bauern in Westdeutschland zu helfen, die gesellschaftliche und insbesondere die ökonomische Entwicklung zu erkennen, und schließlich einen Beitrag zu leisten, um einen wissenschaftlichen Meinungsstreit mit den Wirtschaftswissenschaftlern in Westdeutschland zu entfachen und um die Auseinandersetzung zu führen, die den Interessen unseres Volkes und dem Fortschritt dient.

Professor SIEGBERT KAHN hat in seinem Referat über „Struktur und Entwicklung der Wirtschaft in Westdeutschland nach dem zweiten Weltkrieg" Grundlagen für die hier zu behandelnden Probleme gegeben.

Es erschien mir notwendig, mich auf eine allgemeine Einschätzung der ökonomischen Wissenschaft in Westdeutschland und auf die Kritik einiger wichtiger Theorien zu beschränken.

Welches sind die wichtigsten Gesichtspunkte, die uns den Ausgangspunkt für eine richtige Einschätzung der ökonomischen Wissenschaft in Westdeutschland geben können?

Im Jahre 1945 zerschlug die Sowjetarmee in heroischem Kampf die faschistische Diktatur in Deutschland. Die Wirtschaft war weitgehend zerstört und der faschistische Staatsapparat zertrümmert.

> „Depression, Apathie und Demoralisierung beherrschten in den Tagen des Mai 1945 weite Kreise des deutschen Volkes[1]."

So wie die alte ökonomische Basis war auch der Überbau aufs tiefste erschüttert. Um die ökonomischen Auffassungen der

---

[1] WALTER ULBRICHT, „Zur Geschichte der neuesten Zeit", Dietz Verlag, Berlin 1955, Band I, 1. Halbband, S. 61.

bürgerlichen Wirtschaftswissenschaftler, die das faschistische Terrorsystem objektiv gestützt hatten, war es still geworden. Diese Ökonomen waren durch die Ereignisse genauso entlarvt wie das Nazisystem, dem sie Gefolgschaft geleistet hatten.

Durch den historischen Sieg der Sowjetarmee war damals die Möglichkeit gegeben, in ganz Deutschland eine neue Ordnung ohne Militaristen, Monopolherren und Junker aufzubauen. Die Potsdamer Konferenz gab hierzu die völkerrechtlichen Grundlagen.

In einem Teil Deutschlands, der damaligen sowjetischen Besatzungszone, wurde entsprechend dem in Potsdam getroffenen Abkommen eine wirklich demokratische Ordnung aufgebaut.

In Westdeutschland jedoch konnten die alten, bis 1945 herrschenden Kräfte mit Hilfe der amerikanischen Imperialisten die Durchführung des Potsdamer Abkommens verhindern und in Abhängigkeit von ihnen die Herrschaft der Monopole, des Finanzkapitals und der Großgrundbesitzer wiedererrichten, wobei die rechte sozialdemokratische Führung eine entscheidende Rolle spielte, indem sie die Vereinigung der beiden Arbeiterparteien in Westdeutschland verhinderte.

Damit wurde der alte Überbau wieder funktionsfähig. Der verhängnisvolle Weg, der Deutschland in zwei Weltkriege geführt hatte, wurde aufs neue beschritten.

Den bürgerlichen Ökonomen in Westdeutschland fiel nunmehr die Aufgabe zu, den wiedererstehenden deutschen Imperialismus zu rechtfertigen und auf Grund ihrer Theorien Maßnahmen zu empfehlen, wodurch sie aktiv an der Erzielung von Maximalprofiten mitwirken. Sie hatten zu „beweisen", daß die „neue" Ordnung, die in der Tat die alte war, es ermöglichte, die wirtschaftlichen Fragen zu lösen.

Wie konnten sie ihren Auftrag erfüllen? Sie mußten davon ausgehen, daß es damals

erstens unmöglich geworden war, die faschistische monopolistische Zwangswirtschaft und den faschistischen Staat offen zu vertreten.

Zweitens hatten sie die besondere Lage der westdeutschen Wirtschaft als Ergebnis der Zerschlagung des Faschismus zu berücksichtigen, denn die Betriebe waren zum großen Teil zerstört, und es waren die Arbeiter, die sie unter größten Entbehrungen wieder aufbauten.

Drittens mußte sich in ihren Theorien die Abhängigkeit der westdeutschen Wirtschaft vom amerikanischen Imperialismus widerspiegeln.

Viertens hatten sie in Rechnung zu stellen, daß sich die Weltlage von Grund aus verändert hatte. Durch den zweiten Weltkrieg wurde der Imperialismus in seiner Gesamtheit geschwächt. Die Kraft der Sowjetunion war gewachsen.

Fünftens konnten sie auf die Dauer nicht außer acht lassen, daß in dem Teile Deutschlands, der 1949 zur Deutschen Demokratischen Republik wurde, die antifaschistischen Kräfte unter Führung der Arbeiterklasse eine neue, demokratische Ordnung errichteten, die demokratische Bodenreform durchführten, die Monopolkapitalisten und Kriegsverbrecher enteigneten, wobei die damalige sowjetische Besatzungsmacht ihnen jede Hilfe leistete, ganz im Sinne der Verpflichtung, die sie zur Verwirklichung des Potsdamer Abkommens übernommen hatte.

Diese Gesichtspunkte waren es, die im wesentlichen den Charakter der „neuen Theorien" der bürgerlichen Ökonomen bestimmten. So wurde schließlich auf dem Gebiete der Ökonomie der „deutsche Sozialismus" der Faschisten zur „freien" und „sozialen" Marktwirtschaft. Statt vom sogenannten nationalsozialistischen Staat sprach man jetzt vom „sozialen Rechtsstaat".

Unverändert blieb die Hetze und Verleumdung gegen den Sozialismus und gegen die Sowjetunion. Sie verstärkte sich in dem Maße, wie die Monopole wieder zur Macht kamen. Sie richtete sich gegen alle fortschrittlichen Kräfte in Westdeutschland und besonders gegen die Arbeiter-und-Bauernmacht in der Deutschen Demokratischen Republik.

I. Die ökonomische Wissenschaft in Westdeutschland – ein ideologischer Ausdruck der zweiten Etappe der allgemeinen Krise des Kapitalismus

1. Die zweite Etappe der allgemeinen Krise

Eine Einschätzung der ökonomischen Wissenschaft in Westdeutschland wird uns nur dann ein richtiges Bild vermitteln, wenn wir die westdeutsche bürgerliche Ökonomie in enger Verbindung mit den ökonomischen Theorien im imperialistischen Lager und unter Berücksichtigung der Lage in der imperialistischen Welt überhaupt betrachten. Denn der westdeutsche Imperialismus ist ein Bestandteil des kapitalistischen Lagers.

Die Wirtschaft und die Politik der kapitalistischen Länder wird durch die allgemeine Krise des Kapitalismus charakterisiert. Das bedeutet für ihre zweite Etappe, nach dem zweiten Weltkrieg, daß sich in den kapitalistischen Ländern der Widerspruch zwischen den Produktivkräften und den Produktionsverhältnissen, daß sich alle politischen Widersprüche, vor allem die Klassengegensätze, verschärfen, und daß man von einer permanenten, sich ständig verschärfenden Krise der bürgerlichen Demokratie sprechen kann.

Die internationale Lage — ökonomisch und politisch — wird dadurch gekennzeichnet, daß sich in der Welt zwei Lager gebildet haben, daß der einheitliche Weltmarkt zerfallen ist, daß die Aufnahmefähigkeit des kapitalistischen Weltmarktes sich ständig verringert und daß das imperialistische Kolonialsystem zusammenbricht.

Die verstärkte Ausbeutung und Unterdrückung der Völker, die noch unter dem kapitalistischen Joch leben müssen, besonders durch den amerikanischen Imperialismus, und die Zunahme der Ungleichmäßigkeit der Entwicklung des Kapitalismus lassen die Gegensätze zwischen den kapitalistischen Ländern weiter anwachsen.

Demgegenüber ist das Lager des Friedens, der Demokratie und des Sozialismus, geführt von der mächtigen Sowjetunion, eine gewaltige, ständig wachsende Kraft.

Das Neue, das die gegenwärtige Weltlage bestimmt, besteht darin, daß sich ein mächtiges Lager des Sozialismus mit der Union der Sozialistischen Sowjetrepubliken an der Spitze, der Volksrepublik China, den anderen volksdemokratischen Ländern und der Deutschen Demokratischen Republik gebildet hat. Das ist eine gewaltige Entwicklung gegenüber der Zeit vor dem zweiten Weltkrieg, wo die Sowjetunion noch der einzige sozialistische Staat war. Den Völkern wird immer mehr bewußt, daß die Kräfte des Sozialismus stärker geworden sind als die des Kapitalismus.

Das Neue in der gegenwärtigen Weltlage kommt weiter auch darin zum Ausdruck, daß viele Länder Asiens und Afrikas, die das Kolonialregime abgeschüttelt haben, wie Indien, Indonesien, Birma und Ägypten, auf der Konferenz von Bandung im Jahre 1955 sich zu den fünf Prinzipien friedlicher Koexistenz und Zusammenarbeit bekannten. Diese Länder treten für Abrüstung und völliges Verbot der Produktion und Verwendung von Atomwaffen ein.

Diese Länder und das sozialistische Lager, in denen zusammen weit über die Hälfte der ganzen Menschheit lebt, bilden eine weltumspannende Kraft zur Durchsetzung der fünf Prinzipien und im Kampf gegen einen Atomkrieg.

In dieser Entwicklung kommt aber auch die Überlegenheit der fortschrittlichen Wissenschaft zum Ausdruck, deren Lehren von so weittragender Wirkung auf die Völker sind. Diese Entwicklung zeigt ebenfalls, welche große Bedeutung der Bekämpfung der bürgerlichen ökonomischen Apologetik beizumessen ist.

Der große Wahlsieg der französischen Arbeiterklasse unter Führung der Kommunistischen Partei Frankreichs im Januar 1956 ist, in diesem Zusammenhang betrachtet, ebenfalls von nicht zu unterschätzender Bedeutung. Die Imperialisten fürchten die sich hieraus ergebende weitere Entwicklung.

Und endlich ist die ständige Aufwärtsentwicklung und Festigung der Deutschen Demokratischen Republik von großer Bedeutung sowohl für die internationale Lage in ihrer Gesamtheit als auch im besonderen für die Lage und die Entwicklung des Imperialismus in Westdeutschland.

Von dieser Lage muß man also bei einer Einschätzung des Imperialismus in Westdeutschland ausgehen. Es ist von zwingender Logik, daß die Krise in der Wirtschaft und in der Gesellschaft der kapitalistischen Länder ihr Äquivalent in der Krise der bürgerlichen Ökonomie findet. Bereits nach dem ersten Weltkrieg schrieb der rechtssozialdemokratische Ökonom EMIL LEDERER in seinem Buch „Grundzüge der ökonomischen Theorie“, daß in der Volkswirtschaft alles strittig sei und dies auf einen krisenhaften Zustand der bürgerlichen Ökonomie hindeute. Dies trifft unter den Bedingungen der zweiten Etappe der allgemeinen Krise in erhöhtem Maße auf die gegenwärtige bürgerliche Ökonomie zu.

Die Verschärfung aller Widersprüche des imperialistischen Lagers und das ständige Wachsen des sozialistischen Lagers beschleunigt die Zersetzung und den Niedergang der bürgerlichen Ökonomie. Dieser Zusammenhang zwischen Apologetik und kapitalistischer Praxis ist zwingend. Deshalb ist es die Hauptaufgabe der herrschenden Richtungen innerhalb der bürgerlichen Ökonomie, Theorien aufzustellen, die den Interessen ihrer Auftraggeber — der Monopole — gerecht werden.

> „Die moderne bürgerliche politische Ökonomie ist eine ideologische Waffe der Finanzoligarchie, ist eine Magd der imperialistischen Reaktion und Aggression[1]."

Diese Einschätzung trifft im allgemeinen auch auf die Theorien der bürgerlichen Ökonomie in Westdeutschland zu, die dem Volke nicht den Weg zur Lösung der sich aufs äußerste verschärfenden Widersprüche zeigen können.

Nur die fortschrittliche Wissenschaft, die politische Ökonomie der Arbeiterklasse, ist in der Lage, die Widersprüche der kapitalistischen Gesellschaft aufzudecken. Denn sie erforscht die objektiven Gesetze, die die ökonomischen Entwicklungsprozesse widerspiegeln. Denn sie entlarvt die unwissenschaftlichen Lehren, die die Aufrechterhaltung der Herrschaft der Ausbeuterklassen rechtfertigen sollen. Nur sie zeigt deshalb den Volksmassen den Weg, sich vom Kapitalismus zu befreien.

2. *Der staatsmonopolistische Kapitalismus*

Professor KAHN hebt in seinen Thesen zum staatsmonopolistischen Kapitalismus in Westdeutschland mit Recht als charakteristisch für den wiedererstandenen deutschen Imperialismus hervor, daß sich der staatsmonopolistische Kapitalismus besonders stark entwickelt hat. Dies spiegelt sich in den Theorien der bürgerlichen Ökonomen wider.

Das bezeichnende Merkmal des staatsmonopolistischen Kapitalismus ist, daß die kapitalistischen Monopole sich den Staats-

---

[1] „Politische Ökonomie", Lehrbuch, Dietz Verlag, Berlin 1955, S. 346f.

apparat unterordnen. Sie benutzen den Staat, um sich zu bereichern, um sich Maximalprofite zu sichern, um ihre Macht zu stärken und die Rüstungswirtschaft zu forcieren.

In Deutschland war der staatsmonopolistische Kapitalismus während des ersten Weltkrieges und in den darauffolgenden Jahren bereits stark ausgeprägt. Diese Entwicklung verstärkte sich noch während der faschistischen Diktatur und hat sich im westdeutschen Staat fortgesetzt.

Dabei ergeben sich heute in Westdeutschland zwei Besonderheiten, die den staatsmonopolistischen Kapitalismus charakterisieren. Der deutsche Imperialismus ist schwächer geworden, denn er beherrscht nur noch einen Teil Deutschlands, und seine Entwicklung ist bedingt durch die äußerste Verschärfung aller Widersprüche des kapitalistischen Systems in der zweiten Etappe der allgemeinen Krise. Die zweite Besonderheit ergibt sich daraus, daß ja nicht nur die Monopole in Westdeutschland sich der unmittelbaren Leitung des Staatsapparats bemächtigen, sich in die Wirtschaft des Landes einmischen, um sich Maximalprofite zu sichern, sondern daß auch die amerikanischen Imperialisten auf den Bonner Staatsapparat einwirken und sich seiner bedienen, um sich selbst Maximalprofite zu sichern, um den westdeutschen Staatsapparat ihrer imperialistischen Politik unterzuordnen und besonders durch die Pariser Verträge den westdeutschen Staat zu einem Instrument der Aggression gegen die Sowjetunion und die Deutsche Demokratische Republik zu machen.

Diese Doppelfunktion des staatsmonopolistischen Kapitalismus in Westdeutschland zeigt sich auch in der antinationalen Rolle des Bonner Staates.

Die bürgerlichen Ökonomen haben sich aus Gründen, die bereits angeführt wurden, bemüht, diese Tatsachen zu verschweigen und sie in ihr Gegenteil zu verfälschen. Die Theorien von der „freien" und „sozialen" Marktwirtschaft und der europäischen Integration sind ein theoretischer Niederschlag der Besonderheiten des staatsmonopolistischen Kapitalismus in Westdeutschland. Diese Theorien entsprachen voll und ganz dem Bestreben, die Lage in Westdeutschland seit 1948 zu rechtfertigen. Meines Erachtens zeigt die Entwicklung der jüngsten Zeit, besonders die Verschärfung der Klassengegensätze, daß diese Theorien auf die Dauer nicht mehr genügen, um die Massen zu täuschen, und daß es neuer Anstrengungen der Apologeten bedarf, um den Interessen der Monopole zu entsprechen.

3. Das sogenannte Wirtschaftswunder

Die konjunkturelle Entwicklung in Westdeutschland — unter den Bedingungen des staatsmonopolistischen Kapitalismus —, die die Gegensätze zwischen reich und arm ins unermeßliche steigerte, bezeichnen die einflußreichsten bürgerlichen Ökonomen und Praktiker als „Wirtschaftswunder" und als eine Anwendung ihrer Lehren von der „freien" und „sozialen" Marktwirtschaft.

Dieses sogenannte Wirtschaftswunder wird einerseits charakterisiert durch eine unerhörte Ausbeutung der Arbeiter, durch eine ungleichmäßige Entwicklung der einzelnen Industriezweige, vor allem durch eine Entwicklung der Wirtschaftszweige, die der Militarisierung direkt oder indirekt dienen, durch sich ständig steigernde Antreiber- und Rationalisierungsmethoden, durch die wachsende relative und absolute Verelendung der Arbeiterklasse, die Ruinierung breiter Teile der Bauernschaft und des Mittelstandes sowie verstärkten Steuerdruck und zunehmende Verschuldung und andererseits durch ungeheure Erhöhung der Profite der Monopole.

Auf dem IV. Parteitag der Sozialistischen Einheitspartei Deutschlands erklärte WALTER ULBRICHT:

> „Adenauer und seine Hintermänner haben große Reklame gemacht mit dem sogenannten westdeutschen Wirtschaftswunder. Was ging aber tatsächlich in Westdeutschland vor sich? Die westdeutschen Imperialisten als die raubgierigsten, aggressivsten wurden von den amerikanischen Monopolherren zu ihren Verbündeten erkoren. Dementsprechend war das amerikanische Monopolkapital daran interessiert, durch Kapitalbeteiligung in die Hauptindustrien Westdeutschlands einzudringen. Die USA gewährten Westdeutschland wirtschaftliche Unterstützung im Interesse der Schaffung von Militärbasen der USA im Herzen Europas. Sie gaben aber auch eine gewisse wirtschaftliche Hilfe, um die Bevölkerung für die Verwandlung Westdeutschlands in einen Vasallenstaat der USA... gefügig zu machen[1]."

Inzwischen ist dieses Wunder zur Hauptsorge der westdeutschen Wirtschaftspolitiker geworden. Die englische Zeitung „Observer" erklärt, daß das Jahr 1955 das Ende des westdeutschen „Wirtschaftswunders" gebracht habe. Der Mythos von der Prosperität ist ins Wanken geraten. Die Tageszeitungen und die Fachzeit-

---

[1] „Protokoll des IV. Parteitages der SED", Dietz Verlag, Berlin 1954, S. 45f.

schriften sind zum großen Teil von dem Thema beherrscht, daß die Hochkonjunktur, also die Erweiterung der Produktion, zur Gefahr werde. Dies zeigt drastisch den ganzen Widersinn des kapitalistischen Wirtschaftssystems. In der sozialistischen Wirtschaft und so auch in der Deutschen Demokratischen Republik befindet sich die Produktion in einem ständigen Aufstieg. Ja, dies ist überhaupt Voraussetzung für die fortwährende Verbesserung der materiellen und kulturellen Lage der Werktätigen.

Professor ERHARD will sein Wirtschaftswunder mit „Seelenmassage" erhalten. Nicht mit ökonomischen, sondern mit psychologischen Mitteln soll die marktwirtschaftliche Fiktion gerettet werden. Dies alles hat nicht nur zu einem Streit der sogenannten Neoliberalen unter sich geführt, sondern auch die Anhänger des Keynesianismus in Westdeutschland und damit diejenigen, die im verstärkten Maße staatliche Eingriffe verlangen, auf den Plan gerufen. Auch sechs wirtschaftswissenschaftliche Forschungsinstitute, die Beurteilungen zur konjunkturellen Lage in Westdeutschland gegeben haben, konnten in dieser Frage nicht zu einer einheitlichen Auffassung gelangen. In ihren Gutachten kommen die Meinungsverschiedenheiten zwischen Neoliberalen und offenen Vertretern der monopolistischen Zwangswirtschaft zum Ausdruck. In derselben Linie liegen auch die Angriffe, die der Präsident des Bundesverbandes der Deutschen Industrie, FRITZ BERG, gegen die Bank Deutscher Länder wegen ihrer restriktiven Kreditpolitik gerichtet hat, die „ein massiver Schlag gegen die gute Konjunktur" gewesen sei. Den Marktwirtschaftstheoretikern und -praktikern wird schließlich nichts anderes übrig bleiben, als „neue" Theorien im Sinne ihrer Auftraggeber zu entwickeln.

Auch eine „neue" Wirtschaftspolitik wird die westdeutsche Wirtschaft nicht vor der Krise bewahren können. Wenn Professor ERHARD den „scheinbar magischen Ring eines zyklischen Konjunkturablaufs" durchbrechen will und sich damit auf das Gebiet der Prophezeiung begibt, dann kann man ihn an ein Wort seines neoliberalen Kollegen Professor LUTZ, Zürich, erinnern, der in einem Vortrag erklärte, daß man eine konjunkturelle Entwicklung nicht voraussagen könnte. Alle Voraussagungen der Nationalökonomen hätten nur einen größeren oder geringeren Wahrscheinlichkeitswert. Die Unsicherheit der Zukunft sei ein Lebenselement, und das sei auch so in Ordnung.

Die Arbeiterklasse in Westdeutschland und darüber hinaus alle Werktätigen erkennen immer mehr, was ihnen das „Wirtschaftswunder" gebracht hat. Sie lassen sich weder von dem Gerede von der „überhitzten Konjunktur" noch von den marktschreierischen Inseraten Erhards und des Waagevereins beeinflussen. Das Charakteristische der gegenwärtigen Lage in Westdeutschland ist, daß der Kampfeswille der Massen, der sich gegen die Politik der Monopole und der Regierung richtet, ständig wächst.

4. Der Einfluß des amerikanischen Imperialismus

Wir bezeichnen die ökonomische Wissenschaft in Westdeutschland als einen ideologischen Ausdruck der zweiten Etappe der allgemeinen Krise des Kapitalismus. Wir meinen damit, daß man die Theorien der bürgerlichen Ökonomen in Westdeutschland nicht isoliert und nicht nur als ein Produkt eines „urdeutschen" Imperialismus, sondern in ihrer engen Verflechtung mit der Apologetik des imperialistischen Lagers überhaupt und besonders des USA-Imperialismus betrachten muß. Unter den Bedingungen des wiedererstandenen Imperialismus in Westdeutschland, deren erste die Abhängigkeit von den amerikanischen Monopolen ist, kann dies auch gar nicht anders sein.

Der mögliche Einwand, daß die Lehre von der „freien" und „sozialen" Marktwirtschaft von 1946 an in Westdeutschland an erster Stelle stehe, ist kein Gegenbeweis. Es wurde bereits aufgezeigt, welches die Gründe waren, warum nach 1945 diese Theorie zur herrschenden werden konnte. In ihr ist die ideologische Abhängigkeit vom USA-Imperialismus durchaus enthalten. Das Buch Walter Lippmanns „Die Gesellschaft freier Menschen", zu dessen deutscher Ausgabe der Neoliberale Wilhelm Röpke 1945 das Vorwort schrieb, hat hierfür eine überzeugende Beweiskraft. Bereits 1938 kamen die Neoliberalen verschiedener Länder, darunter Röpke, A. Rüstow und v. Hayek, mit Lippmann in Paris zusammen, um über einen dritten Weg, der weder der alte Liberalismus noch der „Kollektivismus" sein sollte, zu beraten.

Die enge Verflechtung der amerikanischen Finanzoligarchie mit dem westdeutschen Imperialismus spiegelt sich weitgehend in den Theorien der verschiedenen Richtungen der westdeutschen bürgerlichen Ökonomie wider. Es kann hier nicht im einzelnen auf diese sehr wichtige Frage, die noch eingehenderer Untersuchungen bedarf, eingegangen werden. Die wichtigsten Schriften der bekanntesten amerikanischen Ökonomen sind ins Deutsche übersetzt, so z. B. Bücher von Boulding und Samuelson. Samuelsons „Volkwirtschaftslehre" gilt als eines der am weitesten verbreitetsten Lehrbücher in den USA und ist bereits in zweiter Auflage in deutscher Sprache erschienen, wobei es den rechten Gewerkschaftsführern des DGB vorbehalten blieb, dieses arbeiterfeindliche Buch in dem Verlag der Gewerkschaften, dem Bund-Verlag, herauszugeben.

BOULDING schreibt in seinem Buch „Friedenswirtschaft" unter Beziehung auf die Völker Indiens und Chinas, daß die Lage dieser Völker nur durch äußere Einwirkung, beispielsweise durch „Missionare, Lehrer, Unternehmer sowie durch Kapitalimporte und — Seuchen"[1] verbessert werden könne. Um ganz deutlich zu sein, fügt er in einer Fußnote hinzu, daß die Pest im 14. Jahrhundert in Europa die Überlebenden mit einer pro Kopf vergrößerten Kapitalausstattung zurückgelassen habe, womit er „beweisen" will, daß die Pest den wirtschaftlichen Fortschritt ausgelöst hat.

Wie BOULDING bekennt sich auch SAMUELSON zum Keynesianismus. Er propagiert die Auffassung, daß der staatsmonopolistische Kapitalismus, den er „marktwirtschaftliches Mischsystem" nennt, an Überkonjunktur und Krisen vorbeisteuern könnte.

SAMUELSON fügt jedem Kapitel seines „Lehrbuches" eine Reihe von Fragen hinzu, die er seinen Lesern zur „Diskussion" stellen will. Seine Denkensart sei mit der Wiedergabe einer solchen, für ihn typischen Fragestellung illustriert: „Lieber möchte ich im freien Amerika Hungers sterben, als von den Fleischtöpfen eines totalitär-kommunistischen Landes leben. Sind dies ihre Gefühle? Warum?[2]" Diese Hetze will nichts anderes, als die Arbeiter an das kapitalistische System binden und sie für seine Verteidigung gewinnen.

Und diese „Wissenschaft" wurde in der ersten „deutschen" Auflage dieses Buches den Bundesschulen des Deutschen Gewerkschaftsbundes als Lehrmittel und den Kursteilnehmern zum Selbststudium empfohlen.

Der Einfluß der amerikanischen ökonomischen Apologetik auf die westdeutschen Theorien zeigt sich auch in Schriften deutschsprachiger Ökonomen, die an amerikanischen Hochschulen lehren beziehungsweise lehrten. Es seien nur erwähnt: SCHUMPETER, „Kapitalismus, Sozialismus und Demokratie", HAHN, „Wirt-

---

[1] KENNETH E. BOULDING, „Friedenswirtschaft", Francke Verlag, Bern 1945, S. 19.

[2] PAUL A. SAMUELSON, „Volkswirtschaftslehre", 2. Auflage, Bund-Verlag, Köln-Deutz 1955, S. 797.

schaftswissenschaft des gesunden Menschenverstandes" und HABERLER, „Prosperität und Depression".

Besonders stark ist der Einfluß solcher aus USA und England importierter Theorien wie die von der Produktivitätssteigerung, den „Human Relations" und vom sogenannten Betriebsklima, die von den westdeutschen Monopolen zur Erzielung von Höchstprofiten angewandt werden und weitgehend faschistischen Charakter tragen.

Auch Auffassungen reaktionärer amerikanischer Vertreter der Soziologie, der Philosophie, des Psychologismus, des Kosmopolitismus, des Neomalthusianismus, der Technokratie, des Managertums und der Bestimmung der Ökonomie durch das Atomzeitalter fanden ihren Eingang in die westdeutsche ökonomische Wissenschaft. Diese Lehren sind deshalb so gefährlich, weil sie die Faschisierung, die Expansion, die Auslösung eines Eroberungskrieges fördern und die Arbeiterklasse an die Imperialisten binden sollen.

Die Zerschlagung dieser pseudowissenschaftlichen Ansichten ist eine besonders wichtige Aufgabe aller fortschrittlichen Wissenschaftler in ganz Deutschland.

II. Allgemeine Einschätzung der ökonomischen Wissenschaft in Westdeutschland

1. Die Hauptvertreter und ihre Zielsetzung

Die bekanntesten bürgerlichen Ökonomen in Westdeutschland verfolgen mit ihren Theorien das Ziel, die monopolkapitalistische Wirtschaft zu erhalten.

Wir teilen die hauptsächlichen Richtungen nach den Mitteln ein, mit denen sie dieses Ziel zu erreichen suchen. Wir unterscheiden demnach zwischen den offenen Apologeten der monopolistischen Zwangswirtschaft, den Neoliberalen, den Verfechtern der katholischen Soziallehre und den Lehren der rechten sozialdemokratischen Führer.

Die bürgerlichen Ökonomen selbst klassifizieren in verschiedener Weise. Im allgemeinen sprechen sie von drei Richtungen: vom Neoliberalismus, vom Neosozialismus und von der organischen Lehre oder dem Universalismus. Dabei kann man feststellen, daß sie durchaus einmal den einen Ökonomen zu der einen und ein anderes Mal zu einer anderen Gruppe rechnen.

Außer den genannten Richtungen gibt es noch viele andere, von denen die sogenannte kultursoziologische Richtung ALFRED WEBERS und die Ökonometrie genannt sein sollen. Es ergibt sich so ein buntschillerndes Bild von Schulen.

Der neoliberale Heidelberger Professor PREISER ist allerdings anderer Meinung und vertritt die Ansicht, daß „die theoretische Nationalökonomie heute, von Rußland abgesehen, das an der streng marxistischen Doktrin festhält, ein international einheitliches Gebilde geworden ist“[1]. Wenn er damit meinen würde, daß die bürgerliche Ökonomie im internationalen Maßstab in der Verteidigung der untergehenden kapitalistischen Gesellschaftsordnung und in der Verleumdung des Marxismus-Leninismus eine Einheit bildet, dann kann man ihm zustimmen. Er scheint jedoch noch eine andere Einheit im Auge zu haben. Die bürgerliche Ökonomie — international betrachtet — habe heute eine Theorie

[1] „Schriften der Universität Heidelberg“, Heft 3, Springer Verlag, Berlin 1948, S. 199.

und die Methode, womit er das Modell meint. Er behauptet, daß die neueste Entwicklung der bürgerlichen Ökonomie durch größere Wirklichkeitsnähe und Exaktheit der Theorie gekennzeichnet sei.

Es bedarf keiner großen Beweisführung, um zu zeigen, daß genau das Gegenteil richtig ist, und daß es auch gar nicht anders sein kann. Der Anarchie der kapitalistischen Wirtschaft entspricht die Anarchie in der bürgerlichen ökonomischen Theorie. PREISER hat selbst den Beweis dafür gegeben, als er in den Jahrbüchern für Nationalökonomie und Statistik (Band 165, Heft 4, 1953, S. 16) zu der Frage des Kapitalbegriffes bemerkte, daß jeder das Wort Kapital benützen möge, wie er wolle. Es käme nur darauf an, daß er genau definiere, was er damit meine.

Und wie es mit Gegenstand und Methode der bürgerlichen Ökonomie steht, ist allgemein bekannt.

Der Gegenstand der fortschrittlichen politischen Ökonomie ist die Erforschung der Entwicklungsgesetze der Produktionsverhältnisse der Menschen. Wenn man die Frage des Gegenstandes in den Lehrbüchern der bürgerlichen Ökonomen betrachtet, muß man feststellen, daß fast jeder den Gegenstand der Ökonomie anders formuliert. Dabei ist damit noch nichts über seinen Inhalt gesagt. Die Definitionen hierzu sind voller Plattheiten, Widersprüche und Tautologien. Der Unwissenschaftlichkeit der Definition des Gegenstandes entspricht der Methodenwirrwarr in der bürgerlichen Ökonomie. Die Apologetik des Imperialismus schließt die Anwendung einer wirklich wissenschaftlichen Methode aus. Die bürgerlichen Ökonomen propagieren deshalb, nicht nur verschiedene Methoden zu benutzen, sondern gleichzeitig mit mehreren Methoden ein Objekt zu erfassen, wobei sie vielfach technische Hilfsmittel gleich Methode setzen. PREISER meint nun, daß die methodische Frage mit dem Modell einfach zu lösen sei. Die Wirklichkeit sei verwirrend, also müsse die Theorie sich eine konstruierte Welt, das Modell, schaffen.

Dieses Modell setzt an die Stelle einer wissenschaftlichen Analyse der gesellschaftlichen Wirklichkeit, welche mittels der Abstraktion aus der Vielfalt der Erscheinungen das Wesen dieser Erscheinungen herauszuarbeiten vermag, eine irreale Konstruktion.

Dann ist natürlich alles lösbar. Denn in dem Modell gibt es keine kapitalistische Ausbeutung, keine Disproportionalitäten in der Wirtschaft und keine Wirtschaftskrisen. Da kann man sogar mittels eines Systems der sogenannten volkswirtschaftlichen

Gesamtrechnung eine harmonische Entwicklung der Ausbeutergesellschaft konstruieren.

Gehen wir nun zu den wichtigsten Richtungen im einzelnen über:

a) Die offenen Apologeten der monopolistischen Zwangswirtschaft

Wir verstehen darunter die bürgerlichen Ökonomen, die in ihren Theorien die Zwangswirtschaft des staatsmonopolistischen Kapitalismus offen als „regulierten Kapitalismus" darstellen.

Dazu ist ein Teil der Vertreter des Keynesianismus zu rechnen. Ihre beziehungsweise KEYNES' Ansichten bedeuten verstärkte Ausbeutung der Arbeiterklasse zur Sicherung des Maximalprofits. Diese Ökonomen treten für die Erhöhung der Rüstungs- und anderer unproduktiver Ausgaben ein und stehen damit im Dienste der Kriegsvorbereitung.

Vertreter sind z. B. PAULSEN, Westberlin, und E. SCHNEIDER, Kiel. Es gibt in Westdeutschland viele Ökonomen, die zum Teil KEYNESsche Ansichten vertreten und sie mit anderen vermischen beziehungsweise versuchen, diese Ansichten unter Berücksichtigung der wirtschaftlichen Verhältnisse in Westdeutschland zu modifizieren.

In jüngster Zeit hat sich der KEYNESsche Flügel, der die kapitalistische Wirtschaftsregulierung fordert, wesentlich verstärkt. Dies hat seine Hauptursache darin, daß die neoliberale Marktwirtschaftskonzeption zu den Aufgaben in Widerspruch geraten ist, die die Monopole bei der gegenwärtigen Lage der westdeutschen Wirtschaft zur Lösung stellen.

In diesem Zusammenhang sei HANS-JÜRGEN SERAPHIM, Münster, genannt, der in seinen jüngsten Veröffentlichungen, sich von den Neoliberalen distanzierend, für eine kontrollierte staatliche Wirtschaftslenkung eintritt.

Als offene Apologeten der monopolistischen Zwangswirtschaft bezeichnen wir weiter vor allem die Ökonomen, die in irgendeiner Form den Faschismus und Militarismus propagieren, wie beispielsweise die sogenannten Universalisten. Ihre Hauptvertreter sind SPANN und WEDDIGEN.

OTHMAR SPANN beispielsweise vertritt faschistische Ansichten über Wirtschaft und Gesellschaft, was er als Ganzheitslehre bezeichnet. Er tritt für eine Zusammenordnung der Leistungen in „artverwandten Gruppen", d. h. für eine ständische Wirtschaftsordnung, ein. Er ist nicht nur deshalb gefährlich, weil er den reaktionären deutschen Ökonomen ADAM MÜLLER zum Ausgangspunkt seiner Auffassungen nimmt, sondern weil er versucht, die Ideologie des Faschismus mit scheinbar fachwissenschaftlichen Formulierungen zu tarnen. Wenn man sich vergegenwärtigt, daß sein Buch „Die Hauptttheorien der Volkswirtschaftslehre" in Westdeutschland bereits in 26. Auflage herausgekommen und damit eines der verbreitetsten Unterrichtsmittel der Studenten ist, dann zeigt dies, wie wichtig es ist, daß die fortschrittlichen Wissenschaftler diese faschistischen ökonomischen Ansichten zerschlagen.

Es wäre falsch anzunehmen, daß man nur dort von Ökonomen mit faschistischen und militaristischen Auffassungen sprechen könnte, wo es sich um die offenen Vertreter der monopolistischen Zwangswirtschaft handelt. Daß die Verbreitung faschistischer und militaristischer Ansichten nicht auf eine Gruppe beschränkt ist, hat seine Wurzeln einmal in den reaktionären Traditionen der deutschen bürgerlichen Ökonomie und zum anderen darin, daß der staatsmonopolistische Kapitalismus in Westdeutschland ein Nährboden für „neue" faschistische Ideologien ist.

In dem Lehrbuch „Politische Ökonomie" wird mit Recht festgestellt, daß der deutsche Faschismus die reaktionärsten Elemente der deutschen Vulgärökonomie ausnutzte, ihren Chauvinismus, ihre Kriecherei vor dem Staat sowie ihre Propagierung der Eroberung fremder Gebiete und der Klassenharmonie.

Die antikapitalistische Demagogie der Faschisten erleichterte dies. Dies galt besonders für die Ökonomen, die aus der sogenannten jüngeren historischen Schule und dem Verein für Sozialpolitik kamen. Bekanntlich beherrschte der Repräsentant jener Schule — der Ökonom für Kaiser und Reich und Mitglied des preußischen Herrenhauses —, GUSTAV SCHMOLLER, die wirtschaftswissenschaftlichen Lehrstühle in Deutschland für einige Jahrzehnte. Es läßt sich nicht leugnen, daß die meisten Schüler SCHMOLLERS den Anschluß an den Faschismus fanden.

Die Wirksamkeit der offiziellen bürgerlichen Ökonomie in „Lehre und Forschung" während der Zeit des Faschismus in Deutschland ist ihr beschämendstes Kapitel. Damals schrieb MÜLLER-ARMACK — er erfand nach 1945 das Wort von der „Sozialen Marktwirtschaft" — sein Pamphlet „Staatsidee und Wirtschaftsordnung im neuen Reich". ADOLF WEBER, München, erging sich in seinem faschistischen Buch „Der Mißerfolg des bolschewistischen Wirtschaftssystems" in unüberbietbarer Hetze gegen die Sowjetmenschen und forderte ihre Vernichtung.

BRINCKMANN, OTTO VON ZWIEDINECK-SÜDENHORST, LÜTGE, SPIETHOFF, KROMPHARDT, ERHARD und andere heute bekannte Vertreter der „freien" und „sozialen" Marktwirtschaft erwiesen sich damals als Stützen des Faschismus und seiner verbrecherischen Lehren. Man muß hinzufügen, daß auch die Lehren KEYNES' von beträchtlichem Einfluß auf den deutschen Faschismus waren. KEYNES schrieb selbst im Vorwort zu der deutschen Ausgabe seines Buches „Allgemeine Theorie der Beschäftigung, des Zinses und des Geldes", daß seine Auffassungen am besten im faschistischen Staat verwirklicht werden könnten.

Das Westdeutschland zu einem Nährboden für „neue" faschistische Ideologien wurde, wird durch die Tatsachen täglich erhärtet. Wir betonten bereits, daß der deutsche Imperialismus schwächer geworden ist, daß er nur noch einen Teil Deutschlands beherrscht. Sein wichtigstes Merkmal war von jeher seine besondere Aggressivität. Wir sagten, daß seine gegenwärtige Entwicklung durch die äußerste Verschärfung aller Widersprüche des kapitalistischen Systems in der zweiten Etappe der allgemeinen Krise bedingt ist. Es ist allgemein bekannt, daß die Monopole die faschistische Entwicklung fördern. Die Tatsachen sind doch die, daß die Kriegsverbrecher von 1945 heute wieder die Monopolherren sind, daß die noch vorhandenen Repräsentanten der faschistischen Wehrmacht den militaristischen Machtapparat aufbauen, daß im Staatsapparat alte Faschisten wichtige Positionen einnehmen und daß diejenigen bürgerlichen Ökonomen, die dem Faschismus dienten, heute Vertreter der offiziellen Ökonomie in Westdeutschland sind.

b) Die Neoliberalen

Sie konnten mit ihren Ansichten und besonders mit ihrer Konzeption von der „freien" und „sozialen" Marktwirtschaft deshalb eine führende Stellung in der bürgerlichen Ökonomie einnehmen — worauf bereits in anderem Zusammenhang hingewiesen wurde —, weil ihre Theorien den herrschenden Kräften unter den besonderen Bedingungen des wiedererstehenden Imperialismus am geeignetsten erschienen, die Widersprüche des überlebten Wirtschafts- und Gesellschaftssystems zu verschleiern. Sie schienen besonders dazu berufen, die Massen zu täuschen, und schließlich sollte ihre soziale und kleinbürgerliche Demagogie es den rechten sozialdemokratischen Führern leicht machen, sich der Marktwirtschaftsthese in irgendeiner Form anzuschließen.

Mit der Betonung des Freiheitsgedankens, mit ihrer in Worten so radikalen Monopolkritik und mit der Propagierung des Wettbewerbs auch für den kleinen Mann, wobei die kleinbürgerliche Argumentation im Vordergrund stand, schienen sie durchaus geeignet, breite Schichten der Bevölkerung, die noch unter der Depression von Faschismus und Krieg standen, mit einer der faschistischen scheinbar diametral entgegengesetzten Ideologie aufs neue zu verwirren. In Wirklichkeit bestand ihre Aufgabe darin, den staatsmonopolistischen Kapitalismus unter den bestehenden konkreten Bedingungen in Westdeutschland wieder zu stabilisieren. Die Neoliberalen treten in Worten als Gegner der monopolistischen Zwangswirtschaft auf, in der Tat aber waren sie nach 1945 die Hauptstützen des wiedererstehenden Imperialismus. All dies macht auch verständlich, warum außer aus anderen Gründen der Keynesianismus nach 1945 nicht die geeignete Methode zur Restaurierung des deutschen Imperialismus war und warum die Marktwirtschaftsvertreter den Keynesianismus einer mehr oder weniger starken Kritik unterzogen. Damals wurde der Keynesianismus dem Kollektivismus gleichgesetzt. Die Neoliberalen versuchten hierbei, den Marxismus zu diffamieren, indem sie diesen wiederum dem Kollektivismus gleichsetzten. ALEXANDER RÜSTOW gab sich deshalb die Mühe, diese These zu „beweisen", indem er in seiner Schrift „Soziale Marktwirtschaft als Gegenprogramm gegen Kommunismus und Bolschewismus" behauptete, daß die Theorie von der „sozialen Marktwirtschaft" schon deshalb notwendig geworden sei, um die kapitalistische Wirtschaft zu erhalten.

Die Neoliberalen stützten sich, soweit es sich um die Methodologie handelt, weitgehend auf MAX WEBER, soweit es um die Lehre selbst geht, in erster Linie auf WALTER EUCKEN. Bereits v. MISES gab Grundlagen für die neoliberalen Lehren.

Ihre Hauptvertreter sind: RÖPKE, A. RÜSTOW, MIKSCH, MÜLLER-ARMACK, BÖHM, SCHMÖLDERS und ERHARD. Sie sind bis heute die Hauptstützen der Wirtschaftspolitik des Bonner Staates und zum Teil mit dem Staatsapparat verbunden. ERHARD ist Wirtschaftsminister, MÜLLER-ARMACK hoher Staatsfunktionär. Die meisten sind Gutachter des volksfeindlichen westdeutschen Regimes.

Eine ähnliche Position nehmen die bereits erwähnten Ökonomen SPIETHOFF, ADOLF WEBER, München, und ALFRED AMONN, Bern, ein. Wir können uns an dieser Stelle kurz fassen, da auf die wichtigsten Auffassungen der Neoliberalen bei der Kritik der „freien" und sozialen Marktwirtschaft noch näher eingegangen wird.

c) Die Verfechter der katholischen Soziallehre

Der wiedererstandene deutsche Imperialismus, der heute auf Westdeutschland beschränkt ist, hat den katholischen ökonomischen und philosophischen Lehren eine erhöhte Bedeutung gegeben. Wir sind der Meinung, daß der Wirksamkeit der katholischen Soziallehre, auch Solidarismus genannt, vielfach erweitert zur christlichen Soziallehre, seitens der fortschrittlichen ökonomischen Wissenschaft oft zu wenig Beachtung entgegengebracht wird. Bereits HEINRICH PESCH hat hierzu ein ganzes System entwickelt. Schon er fordert den berufsständischen Aufbau der Gesellschaft. Die päpstlichen Enzykliken „Über die Arbeiterfrage" und „Über die gesellschaftliche Ordnung" sind das unumstößliche Dogma dieser Lehre geworden. Ihr bekanntester Vertreter in Westdeutschland ist NELL-BREUNING. Als WALTER HORN in einer vom Bundesvorstand des DGB herausgegebenen Schrift gegen NELL-BREUNING wegen dessen Angriffe auf Dr. VIKTOR AGARTZ polemisierte, zogen die rechten Führer des DGB diese Schrift zurück und stellten sich praktisch auf die Seite von NELL-BREUNING. NELL-BREUNING hatte Dr. AGARTZ unter anderem vorgeworfen, daß seine Ansichten — gemeint war die Rede Dr. AGARTZ' auf dem Frankfurter DGB-Kongreß — zum klassenkämpferischen Radikalismus und zur Verantwortungslosigkeit führten. Diese Auseinandersetzung charakterisiert bereits die Wichtigkeit der Ansichten der katholischen Soziallehre im Rahmen der westdeutschen bürgerlichen Ökonomie.

NELL-BREUNING und andere behaupten, der Solidarismus habe teleologischen Charakter, er sei sowohl Erfahrungswissenschaft als auch Metaphysik. Das Privateigentum sei natürlich und gottgewollt, es habe der Existenzversorgung aller zu dienen. Der Kapitalismus habe diese Aufgabe nicht gelöst. Die Vertreter der katholischen Soziallehre üben zwar in Worten eine scharfe Kritik am Kapitalismus. Besonders stark war sie kurz nach 1945. Man braucht nur an das Ahlener Programm der CDU oder an die Schrift von GABLENTZ „Über Marx hinaus" zu erinnern. Damals wurde erklärt, man brauche einen neuen Sozialismus, und das sei der christliche Sozialismus, man forderte Wirtschaftsplanung, Gemeineigentum an Schlüsselbetrieben und die Mitbestimmung der Arbeitnehmer an der Leitung der Betriebe. Heute spricht man nicht mehr vom Sozialismus aus christlicher Verantwortung. Jetzt erklärt man offen, die Restaurierung des Kapitalismus sei möglich und notwendig. Das Mittel hierzu wäre die Bildung von Sondereigentum in Händen des monopolkapitalistischen Staates, die Partnerschaft und die Bildung von Kleineigentum. Die Verfechter der katholischen Soziallehre erklären, daß sie mit den Ansichten der rechten Führer der SPD im wesentlichen übereinstimmen.

So lassen sich auch ihre Angriffe auf die fortschrittlichen Kräfte in den Reihen der Sozialdemokraten verstehen. Gegen den Neoliberalismus führen sie einen Scheinkampf und wenden sich gegen dessen „mechanistisch-automatische" Ansichten. Einen wirklichen Kampf jedoch führen sie gegen den wissenschaftlichen Sozialismus.

Worin das Wesen der katholischen Soziallehre in Westdeutschland besteht, hat NELL-BREUNING in einem Aufsatz bereits 1947 zum Ausdruck gebracht, in dem er schrieb, daß der große Unterschied zwischen der katholischen Soziallehre und dem Faschismus darin bestehe, daß dieser versucht hätte, sich über die Tatsache der kapitalistischen Klassengesellschaft hinwegzusetzen, „sie niederzuwalzen und einzustampfen oder vorzugehen, als wäre sie nicht da. Die katholische Kirche nimmt die Dinge, wie sie sind, um von dem, was ist, den Weg zu weisen zu dem, was sein soll"[1]. Man kann dem nur hinzufügen, daß dieser Unterschied gar nicht so groß erscheint, daß zwischen katholischer Soziallehre und Faschismus zumindest im Ökonomischen sehr enge Beziehungen bestehen.

Die katholische Soziallehre ist zutiefst arbeiterfeindlich und hat den Hauptzweck, die Werktätigen vom Kampf gegen den Kapitalismus abzuhalten.

d) Die Lehren der rechten sozialdemokratischen Führer

Eine Einschätzung der ökonomischen Ansichten in Westdeutschland muß den Auffassungen der rechten sozialdemokratischen Führer eine besondere Bedeutung beimessen. Es ist eine Tatsache, daß Millionen sozialdemokratischer und parteiloser Arbeiter Wähler der sozialdemokratischen Partei sind. Diese Millionen einfacher Menschen sind von entscheidender Bedeutung für die Bildung der Aktionseinheit der Arbeiterklasse. Sie spielen eine hervorragende Rolle in der Frage der friedlichen und demokratischen Wiedervereinigung Deutschlands. Es ist deshalb eine wichtige Aufgabe der fortschrittlichen Wissenschaftler, diese Arbeiter von den reaktionären Auffassungen der rechten sozialdemokratischen Führer zu lösen, denn diese Führer vertreten nicht

---

[1] „Frankfurter Hefte", Verlag Frankfurt a/M, 2. Jahrgang 1947, Heft 7, S. 667.

die Ansicht dieser Werktätigen, sondern dienen objektiv den Interessen der Monopole.

Die rechten sozialdemokratischen Führer verbreiten marktwirtschaftliche Lehren in irgendeiner Form, nehmen Anleihen bei dem Vertreter der „dynamischen" Monopolverteidigung SCHUMPETER und bei dem Chefideologen des staatsmonopolistischen Kapitalismus, KEYNES, auf und etikettieren das Ganze sozialkleinbürgerlich.

Die deutsche Sozialdemokratie hatte früher die Verwandlung des kapitalistischen Eigentums an den Produktionsmitteln in gesellschaftliches Eigentum gefordert. Heute verhöhnen sie die klassenbewußten Arbeiter, indem sie von der „Gleichheit der wirtschaftlichen Startbedingungen" im Monopolkapitalismus reden. Sie behaupten, daß die Ausbeutung der kapitalistischen Produktionsweise nicht immanent sei. Sie verniedlichen die ungeheure Verschärfung der Ausbeutung und sagen, es gäbe nur noch wenige „krasse Formen" (WEISSER). Sie versuchen mit Theorien von der „Vollbeschäftigung" und dem „krisenlosen Kapitalismus" in den Massen Illusionen zu erwecken und stützen sich hierbei auf die Ansichten der „linken" Keynesianer.

Die ökonomischen Auffassungen der gegenwärtigen Führung der westdeutschen Sozialdemokratie weisen zwei Hauptzüge auf: Einmal eine Übernahme der meisten Lehren der bürgerlichen Apologetik, verbunden mit einem völligen Aufgeben der Lehren des Marxismus. Zum anderen in Worten eine Sozialphraseologie, die sich an die Arbeiter und auch an andere Schichten wendet, diesen einen sogenannten demokratischen Sozialismus auf friedlichem Wege, ohne Beseitigung der kapitalistischen Staats- und Gesellschaftsordnung, verspricht. Das Aktionsprogramm der SPD von 1954 drückt einen bisher noch nicht erreichten Tiefstand der ökonomischen und politischen Ansichten der rechten sozialdemokratischen Führung aus, den sich selbst die rechten Führer der Sozialdemokratie vor 1933, wie zum Beispiel WELS, HERMANN MÜLLER und andere, nicht leisten konnten. Man braucht nur an den 13. Kongreß der Gewerkschaften in Hamburg im Jahre 1928 zu erinnern, wo die Frage der Wirtschaftsdemokratie im Mittelpunkt der Verhandlungen stand. Dort erklärte der damalige Ideologe der SPD für Wirtschaftsfragen, FRITZ NAPHTALI, noch, daß ein wirklich demokratischer Aufbau der Wirtschaft innerhalb des kapitalistischen Systems nicht zu erreichen sei. Als die deutsche Sozialdemokratie 1933 in die Illegalität gedrängt wurde, da sprach der emigrierte Parteivorstand von den historischen Fehlern der

Partei. In dem von ihm veröffentlichten „Prager Manifest" vom 28. Januar 1934 bekannte er sich zu der Auffassung, daß sich die Klassenkämpfe aufs grausamste verschärfen, und forderte die sofortige entschädigungslose Enteignung der Großgrundbesitzer und der Schwerindustrie.

Nach 1945, noch unter dem Eindruck der jüngsten Lehren der Geschichte, erklärte man auf dem Parteitag in Hannover im Jahre 1946, daß das neu aufzubauende Deutschland keine privatkapitalistische Profitwirtschaft mehr ertragen könnte, und forderte die Sozialisierung der Bodenschätze und der Grundstoffindustrien sowie die Enteignung der Großgrundbesitzer und eine grundlegende Bodenreform. Der bekannte rechte sozialdemokratische Führer ERLER schrieb noch 1947 in seiner Schrift „Sozialismus als Gegenwartsaufgabe", daß dem deutschen Volk das gehören soll, was es sich in harter Arbeit erwerbe. 1946 erklärte KURT SCHUMACHER auf dem Hamburger Landesparteitag der SPD, daß die Demokratie erst dann gesichert sei, wenn die Produktionsmittel aus der Hand der großen Besitzer in die Hand der Allgemeinheit übergeführt werden.

Heute kann man nicht behaupten, daß die rechten Führer der SPD noch solche Auffassungen vertreten.

Die Verhandlungen des Kölner SPD-Kongresses vom 14. und 15. Januar 1956 und besonders die Ausführungen Dr. DEISTS zur Wirtschaftspolitik der rechten sozialdemokratischen Führer bestätigen erneut die Charakterisierung im Lehrbuch „Politische Ökonomie":

> „Als Agenten der imperialistischen Bourgeoisie in der Arbeiterbewegung verteidigen die Führer der Rechtssozialisten die Monopole, predigen sie den Klassenfrieden zwischen Arbeitern und Bourgeoisie und unterstützen aktiv die reaktionäre Innenpolitik und aggressive Außenpolitik des Imperialismus"[1].

Es ist deshalb durchaus verständlich, daß die rechten Führer der SPD von den bürgerlichen Ökonomen gelobt werden. Dafür nur ein meines Erachtens bezeichnendes Beispiel:

Dr. FRIEDRICH KARRENBERG betonte in einem Vortrag auf einer Tagung des „Sozialethischen Ausschusses der Evangelischen Kirche im Rheinland", daß es zwischen den rechten Sozialdemokraten und den Neoliberalen viele Gemeinsamkeiten gäbe.

---

[1] „Politische Ökonomie", Lehrbuch, Dietz Verlag, Berlin 1955, S. 352.

Beide seien sich einig in der Ablehnung des Kommunismus. Es wäre nicht entscheidend, wie man zu einer sozialen Ordnung käme, die besser als die des Kommunismus sei. Entscheidend sei vielmehr, zu einer „glaubwürdigen Ordnung" zu kommen. Um dies zu erreichen, müsse man beide Richtungen verschmelzen. Auch in der Frage der Monopole und des Wettbewerbs gäbe es keine prinzipiellen Unterschiede zwischen den Neoliberalen und den rechten SPD-Führern[1]. Eine solche Einschätzung drückt aber doch nichts anders als den völligen Bankrott der Ansichten der rechten sozialdemokratischen Führer aus.

Die philosophischen und ökonomischen Auffassungen der rechten SPD- und DGB-Führer werden in nicht zu unterschätzender Weise durch deren Bindungen an die „Sozialistische Internationale" und an die rechte internationale Gewerkschaftsvereinigung beeinflußt. Insbesondere die Ansichten französischer, englischer und amerikanischer Rechtssozialisten und rechter Gewerkschaftsführer spiegeln sich in der westdeutschen rechtssozialdemokratischen Apologetik wider, so in den Fragen des Staates, der Klassen, der formalen Demokratie, der Wirtschaftsregulierung, des Lohnes, der Rationalisierung und der Produktivitätssteigerung.

Die Hauptvertreter dieser Ansichten sind die parteiamtlichen rechten SPD- und DGB-Führer. Professorale Vertreter sind H. PETER, WEISSER, THEIMER, SCHILLER, ORTLIEB und andere.

2. *Die gemeinsamen ideologischen Grundlagen*

Es ist für die hier behandelten Richtungen typisch, daß sie in den Grundfragen der bürgerlichen Ökonomie weitgehend übereinstimmen, wobei gewisse Abweichungen bei den Lehren der Vertreter der katholischen Soziallehre und der rechten sozialdemokratischen Führer zu verzeichnen sind.

Alle diese Richtungen in Westdeutschland treten für die Sicherheit und Erweiterung des Maximalprofits ein. Alle sind sich in der Erhaltung und Verteidigung des kapitalistischen Systems einig, das sie als „freie Welt" bezeichnen. Die bürgerlichen Ökonomen der verschiedensten Richtungen in Westdeutschland leugnen den objektiven Charakter der ökonomischen Gesetze. Statt dessen flüchten sie sich in die reaktionäre idealistische Philosophie, in die bürgerliche Ethik und Psychologie, um daraus ihre ökonomischen Ansichten zu entwickeln.

---

[1] „Jahrbücher für Nationalökonomie und Statistik", Gustav Fischer Verlag, Stuttgart 1954, Band 166, Heft 5/6, S. 390 ff.

Freiheit ist bei ihnen gleichbedeutend mit der Aufrechterhaltung des kapitalistischen Eigentums an den Produktionsmitteln. Die rechten sozialdemokratischen Führer, die das Wort von der Freiheit nicht laut genug im Munde führen können, geraten, indem sie weitgehend die Positionen der bürgerlichen Ökonomen beziehen, mehr und mehr in Widerspruch zu den breiten Massen. Denn trotz aller „wissenschaftlichen" Gelehrsamkeit läßt sich nicht bestreiten, daß in Westdeutschland Freiheit für Großindustrielle, Finanziers, Großgrundbesitzer und Militaristen besteht, und daß diese „Freiheit" in Wahrheit Ausbeutung, Verelendung und Unterdrückung für die Werktätigen bedeutet.

Die bürgerlichen Ökonomen, vor allem die Neoliberalen, behaupten, daß in der sozialistischen Gesellschaft die individuelle Freiheit ausgeschaltet wäre und daß sich dort nicht die Persönlichkeit entwickeln könnte. Aber jeder weiß, wie es mit der Freiheit der Persönlichkeit der Werktätigen im Kapitalismus beschaffen ist. Die Kapitalisten sind daran interessiert, daß die Arbeiter nur das lernen, was notwendig ist, um die Maschinen zu bedienen, kurz, um die Arbeit so auszuführen, wie es die Profitinteressen verlangen.

Die „Freiheit" besteht eben darin, daß die herrschenden Kräfte alles tun, um die Entwicklung der Persönlichkeit, das Denken der Massen zu unterdrücken. Aber die Apologeten des Kapitalismus behaupten, daß dies im Sozialismus so wäre.

Die Frage des Individuums und des Kollektivs hat J. STALIN in einer Unterredung mit dem englischen Schriftsteller H. G. WELLS in klassischer Weise formuliert. Er sagt:

> „Einen unversöhnlichen Gegensatz zwischen Individuum und Kollektiv, zwischen den Interessen der einzelnen Person und den Interessen des Kollektivs gibt es nicht, darf es nicht geben. Es darf ihn nicht geben, da der Kollektivismus, der Sozialismus die individuellen Interessen nicht verneint, sondern mit den Interessen des Kollektivs in Einklang bringt. Der Sozialismus kann nicht von den individuellen Interessen absehen. Nur die sozialistische Gesellschaft kann diese persönlichen Interessen im vollsten Maße befriedigen. Ja, noch mehr — die sozialistische Gesellschaft stellt die einzig feste Garantie für den Schutz der Interessen des Einzelnen dar[1]."

---

[1] J. STALIN, „Fragen des Leninismus", Verlag für fremdsprachige Literatur, Moskau 1938, S. 823.

Es ist allgemein bekannt, daß es erst die sozialistische Gesellschaft ermöglicht, die Fähigkeiten der breiten Massen zu entwickeln und die Menschen wirklich frei zu machen.

Die bürgerlichen Wirtschaftswissenschaftler einschließlich der rechten Sozialdemokraten sprechen heute im allgemeinen nicht von der Freiheit überhaupt, sondern von der Freiheit in Bindung oder von gebundener Freiheit. Der Wirtschaftsminister ERHARD hat dazu vor kurzem einen sehr deutlichen Kommentar gegeben. Er erklärte im CDU-CSU-Pressedienst, an die Adresse der Gewerkschaften gerichtet, daß die den Sozialpartnern eingeräumte Freiheit der Entscheidung nur so lange gelten dürfe, als auch dort das Gefühl „der sittlichen Bindung und der Verantwortung gegenüber der Gesamtheit"[1] lebendig sei und man bereit sei, die Politik der Bundesregierung zu unterstützen. Mit der sittlichen Bindung ist also die Bindung an den Willen der Monopole gemeint. Mit anderen Worten, Freiheit in Westdeutschland ist gleich der Freiheit für die Ausbeuter und für die Unterdrückung der Werktätigen.

Die Freiheit in Westdeutschland besteht schließlich darin, mit Terror gegen die fortschrittlichen Menschen vorzugehen und sie in die Gefängnisse zu werfen.

In der Deutschen Demokratischen Republik wurden die Grundlagen für die Freiheit des Menschen geschaffen. Die Herrschaft der Monopole und Junker wurde für immer gebrochen; die Arbeiter und werktätigen Bauern üben die Macht aus; der größte Teil der Arbeiter ist von jeglicher Ausbeutung befreit. Frei von Arbeitslosigkeit und Wirtschaftskrisen entwickeln die Werktätigen ihre schöpferischen Fähigkeiten und schaffen sich ein Leben in Wohlstand und Glück.

Im Prinzipiellen beziehen die westdeutschen Ökonomen in der Staats- und Klassenfrage eine gemeinsame Plattform. Der Staatsbegriff wird von Gott, aus der Natur oder der idealistischen Philosophie abgeleitet. Es wird behauptet, der Staat sei eine „dritte Kraft", die über den Klassen stehe und sowohl den Arbeitern als auch den Kapitalisten und den Mittelschichten diene. Wenn ADOLF WEBER in seiner „Allgemeinen Volkswirtschaftslehre" den Staat als „eine auf Macht gestützte, durch Zweckmäßigkeit und historische Kontinuität gerechtfertigte Ordnung zur Aufrechterhaltung der Gemeinschaft und der Freiheit der Staatsangehörigen"[2] definiert, so ist die Zweckmäßigkeit dieser Definition augen-

[1] „Freies Volk", Düsseldorf, 3. Januar 1956.

[2] ADOLF WEBER, „Allgemeine Volkswirtschaftslehre", Duncker & Humblot, Berlin 1953, S. 144.

scheinlich, denn die Macht, auf die sich dieser Staat stützt, sind die Monopole, die die Arbeiterklasse in dieser Zwangsgemeinschaft niederhalten. Nichts anderes, dem Sinne nach, bringt EUCKEN zum Ausdruck, wenn er den Staat als die „ordnende Potenz"[1] bezeichnet. RÖPKE wiederum spricht vom „starken" und vom „gesunden und kranken Staat", wobei die Diktaturen in der Türkei und in Portugal zu den „gesunden" Staaten gerechnet werden[2].

Die Formulierungen mögen verschieden sein. Im Prinzip bringen alle das gleiche zum Ausdruck. Dieses besteht aber in Wirklichkeit nicht in einer neutralen Staatsmacht, sondern darin, daß der bürgerliche Staat das Produkt der Unversönlichkeit der Klassengegensätze, daß er das Werkzeug zur Ausbeutung der unterdrückten Klassen ist. Dieses Instrument der Unterdrückung in Westdeutschland als „sozialen Bundesstaat" oder „sozialen Rechtsstaat" zu bezeichnen, zeigt, wie es mit der „wissenschaftlichen Exaktheit" und der Erforschung der Wahrheit im Bereiche der bürgerlichen Ökonomie und Gesellschaftswissenschaft bestellt ist.

Die rechten SPD-Führer verlangen in ihrem Aktionsprogramm 1954 die Verteidigung der „Ordnung" der Bundesrepublik. Ja, dort heißt es wörtlich:

> „Bis zur Wiederherstellung der Einheit Deutschlands wird die Aktionsfähigkeit der provisorischen Bundesrepublik verstärkt und erweitert[3]."

Hier wird unmißverständlich zum Ausdruck gebracht, daß die westdeutschen sozialdemokratischen Arbeiter bereit sein sollen, den Staat der Monopole nicht nur zu erhalten und zu verteidigen, sondern, fügen wir hinzu, daß sie sich dazu hergeben sollen, den Angriff gegen den Arbeiter-und-Bauernstaat, gegen die Deutsche Demokratische Republik vorzubereiten. Die Entwicklung hat gezeigt, daß sich die Arbeiter hierzu nicht mißbrauchen lassen.

Die rechten Führer der SPD haben die marxistische Lehre vom Staat und den Klassen längst über Bord geworfen und sich

---

[1] WALTER EUCKEN, „Grundsätze der Wirtschaftspolitik", A. Francke Verlag, Bern 1952, S. 337.

[2] WILHELM RÖPKE, „Civitas Humana", Eugen Rentsch Verlag, Erlenbach-Zürich 1949, S. 181, und „Die Gesellschaftskrisis der Gegenwart", Eugen Rentsch Verlag, Erlenbach-Zürich 1948, S. 138 f. und 310.

[3] Protokoll der Verhandlungen des Parteitages der Sozialdemokratischen Partei Deutschlands vom 20. bis 24. Juli 1954 in Berlin, Herausgeber: Vorstand der SPD, Bonn, S. 349.

im wesentlichen die bürgerlichen Verfälschungslehren zu eigen gemacht. Sie propagieren die „Theorie“ von der Eigenbedeutung des Staates und berufen sich hierbei auf HILFERDING, der in seinem letzten Manuskript, „Das historische Problem“, behauptete, daß die Staatsmacht ein selbständiger Faktor von eigener Bedeutung sei, daß es falsch sei, die Eigenbedeutung der Staatsmacht zu übersehen und den Staat nur als „reines Exekutivorgan einer gesellschaftlichen Gruppe zu betrachten“[1]. Die rechten Sozialdemokraten benutzen diese Stellungsnahme HILFERDINGs, um den Staat der Monopole in einen „neutralen Faktor“ zu verfälschen, um die Arbeiter Schiedssprüchen zu unterwerfen, die im Interesse der kapitalistischen Unternehmer liegen. Sie wollen so bei den Arbeitern die Illusion erwecken, daß durch Wahlen und parlamentarische Kontrolle der kapitalistische Staat demokratisiert und der Einfluß der Monopole zurückgedrängt, ja sogar ausgeschaltet werden könnte. Es bedarf keiner weiteren Worte, um zu zeigen, wie schädlich diese Lehren vom Standpunkt der Arbeiterklasse sind und von welch großer Bedeutung für die Werktätigen die Schaffung eines wirklich demokratischen Staates in ganz Deutschland ist. In der Deutschen Demokratischen Republik sind die Konzernherren, die Finanz- und Börsenjobber und die Großgrundbesitzer enteignet, Militarismus und Faschismus ausgerottet, und die Arbeiter und Bauern sind im Besitz der Staatsmacht. Damit sind aber die Voraussetzungen für eine wirkliche Demokratie geschaffen.

Die Vertreter der monopolistischen Zwangswirtschaft, die Neoliberalen, die Anhänger der katholischen Soziallehre und die rechten sozialdemokratischen Führer stimmen in der Hetze, der Lüge und der Verleumdung gegen das sozialistische Lager, gegen die Sowjetunion und gegen die Deutsche Demokratische Republik überein.

In Westdeutschland kann man oft die Behauptung hören, wir in der Deutschen Demokratischen Republik wären in der Auseinandersetzung mit anderen Auffassungen nicht objektiv und nicht tolerant. Der Kampf bürgerlicher Professoren und Politiker gegen den Sozialismus, gegen die Sowjetunion und die Deutsche Demokratische Republik jedoch zeigt, wozu die „reine Wissenschaft“ bürgerlicher Ökonomen fähig ist. Befehlswirtschaft, Kommandowirtschaft, Nationalimperialismus, totali-

[2] „Zeitschrift für Politik“, Carl Heymanns Verlag KG“, Berlin-Charlottenburg 1954, Heft 4, S. 293 ff.

täre Wirtschaft, die sozialistische Wirtschaft sei freiheitsvernichtend, die faschistische sei gleich der kommunistischen Wirtschaft, das sind nur einige durch nichts bewiesene Stilproben bürgerlicher Ökonomen.

Dabei gibt es Apologeten, die vorgeben „wissenschaftlich" an den Stoff heranzugehen, wie EUCKEN und SCHUMPETER, um im Ergebnis dieselbe Diffamierung des Sozialismus zu erreichen wie ihre Kollegen, die sich etwas weniger Mühe geben, den wissenschaftlichen Schein zu wahren.

In den Reihen der bürgerlichen Ökonomen besteht Einigkeit in der Ablehnung der Übernahme der Produktionsmittel durch die Gesellschaft, d. h. in der Erhaltung des Grundwiderspruches der kapitalistischen Gesellschaft, in der Verewigung der Profit- und -Ausbeutungswirtschaft. Das Wirken der fortschrittlichen Lehren von Marx und Engels in den kapitalistischen Ländern, den Aufbau des Sozialismus in der Deutschen Demokratischen Republik und in den anderen volksdemokratischen Ländern sowie das Vorwärtsschreiten zur kommunistischen Gesellschaftsordnung in der Sowjetunion glauben die reaktionären Apologeten, obwohl sie sich täglich davon überzeugen können, wie lächerlich und zwecklos in Wirklichkeit ihr Unterfangen ist, dadurch rückgängig zu machen, daß sie das kapitalistische Wirtschaftssystem mit allen nur denkbaren Mitteln zu rechtfertigen suchen.

3. Die progressiven Anschauungen

Die bisherigen Ausführungen zeigten, daß es die wichtigste Aufgabe der bürgerlichen Ökonomie ist, durch ihre Theorien dem Monopolkapital Wege zu weisen, um Maximalprofit zu erzielen. Daß diese Wege in der Wirklichkeit beschritten werden, beweist das Leben. Einige Stichworte wie: erhöhte Profite, verschärfte Rationalisierung, Intensivierung der Arbeit, frühe Invalidität, unerhörte Steigerung der Unfälle, Erhöhung der Preise, erhöhte Steuerlast und Aufrüstung sind eine beweiskräftige Bestätigung dafür.

Damit geraten aber die Interessen der Arbeiterklasse und der übrigen Werktätigen in einen sich ständig verschärfenden Gegensatz zu den Interessen der Monopole.

Die Vertiefung der ökonomischen und politischen Widersprüche in Westdeutschland, die fortwährende Einschränkung der bürgerlichen Rechte sowie der Aufbau wirklich demokratischer Verhältnisse in der Deutschen Demokratischen Republik bewirken eine andauernde Differenzierung in den ökonomischen Ansichten in Westdeutschland.

Diese Differenzierung ist nicht nur im Lager der Sozialdemokratie und der Gewerkschaften zu beobachten, sondern weit darüber hinaus zeigt sie sich in der Bauernschaft, in den Mittelschichten, besonders in der Intelligenz; ja, sie erfaßt selbst Teile der Bourgeoisie.

Es sind zuerst die Fragen des Friedens, der Koexistenz und der Nation, die eine Reihe bürgerlicher Ökonomen in Widerspruch zu den herrschenden Auffassungen bringen. So können wir eine weitgehende Übereinstimmung mit ALFRED WEBERS Ansichten in der nationalen Frage feststellen. In dem vierten „europäischen Gespräch" des DGB im vergangenen Jahr vertrat ALFRED WEBER im Gegensatz zu den kapitalistischen Unternehmern offen die Auffassung, daß die Gewerkschaften kein Interessenverband neben anderen seien, sondern daß sie für die Verwirklichung der Menschenrechte kämpfen müssen. Deshalb sei der Generalstreik berechtigt, „wenn beim Staate eine rückläufige Tendenz"[1] eintrete. Das hindert uns natürlich nicht zu sagen, daß wir mit ALFRED WEBERS sogenannter kultursoziologischen Richtung innerhalb der Ökonomie nicht einverstanden sein können. Noch weiter als ALFRED WEBER geht EUGEN KOGON, Frankfurt a/M. Er sagte auf dieser Tagung, daß die Gewerkschaften Menschen und nicht Interessen verträten, und stellte die politischen Aufgaben der Gewerkschaften in den Mittelpunkt. Es ist auch zu begrüßen, wenn der Würzburger Ökonom FRANZ SCHNEIDER sich mutig für eine friedliche und demokratische Lösung der Deutschlandfrage und für die Verständigung mit der Deutschen Demokratischen Republik einsetzt.

Darüber hinaus gibt es Ökonomen in Westdeutschland, die bei ihren Untersuchungen, wenn auch zum Teil unbewußt, zu fortschrittlichen ökonomischen Ansichten gelangen. Das trifft zum Beispiel zu in der Einstellung gegenüber den kapitalistischen Monopolen und in der Einschätzung der Planwirtschaft als eines dem kapitalistischen überlegenen, funktionsfähigen Systems. Mit einer gewissen Einschränkung kann man hier die Ansichten RITTIGS, Göttingen, zur Frage der Planung und RITSCHLS zur Frage der Monopole mit einbeziehen. Es scheint auch möglich zu sein, sich mit dem religiösen Sozialisten EDUARD HEIMANN in einer Reihe ökonomischer Fragen zu verständigen.

---

[1] „Industrie-Kurier", Düsseldorf, 14. Juli 1955.

In diesem Zusammenhang sei eine Bemerkung zu der internationalen Konferenz der religiösen Sozialisten Europas gestattet, die im August 1955 in Frankfurt a/M. stattfand. Es waren zwar nicht die dort vertretenen westdeutschen Sozialdemokraten, die fortschrittliche Ansichten äußerten aber daß auf diesem Kongreß Delegierte sich zum fortschrittlichen Denken bekannten, dürfte sicherlich nicht ohne Einwirkung auf den Differenzierungsprozeß im Lager der westdeutschen Sozialdemokratie sein. So erklärte dort der Schweizer Soziologe und Publizist Dr. KRAMER: Die Ursache des Versagens des sogenannten demokratischen Sozialismus liege darin, daß die Sozialdemokraten sich mit den kapitalistischen und bürgerlichen Schichten zusammen zum Kampf gegen den Kommunismus entschlossen hätten. Würden die Sozialdemokraten diese Haltung beibehalten, dann könnten sie die entscheidende Aufgabe, nämlich „die Weltgesellschaft vom Kapitalismus, der Unterdrückung der Massen und dem Imperialismus zu befreien“[1], nicht lösen. Noch deutlicher brachte diese Gedankengänge MAURICE VOGE, Frankreich, zum Ausdruck.

> „Es sei ein Unglück, daß durch die Blockbildung in der Welt sich Sozialisten und Kommunisten als feindliche Brüder gegenüberständen. Die Sozialisten hätten keine eigene feste ideologische Überzeugung. Daher stamme die Furcht vor einem Gespräch mit den Kommunisten. Hunger, Unwissenheit und Unterdrückung könnten aber nur in Zusammenarbeit mit den Kommunisten beseitigt werden. Deshalb sei ein Gespräch mit ihnen unumgänglich[2].“

Man braucht nicht besonders hervorzuheben, daß die rechten sozialdemokratischen Führer HENNIG und WEISSER, Köln, sich besonders scharf gegen diese fortschrittlichen Auffassungen wandten. Auf die Dauer dürfte ihnen dies nichts nützen, denn wir können feststellen, daß sich der Differenzierungsprozeß innerhalb der Sozialdemokratie und der Gewerkschaften außerordentlich verstärkt.

Es kann ja auch gar nicht anders sein, als daß die Auffassungen der rechten sozialdemokratischen Führer und der rechten Gewerkschaftsführer bei der gegenwärtigen Entwicklung in Westdeutschland immer mehr zu den Interessen der breiten Massen der Arbeiter in Widerspruch geraten. Schon 1954 opponierten

---

[1] „Frankfurter Allgemeine Zeitung“ Frankfurt a/M, 16. August 1955.
[2] a. a. O.

Delegierte auf dem sozialdemokratischen Parteitag gegen den Marktwirtschaftsbetrug und lehnten „ein Eintopfgericht von KEYNESschen, EUCKENschen und RÖPKEschen Wirtschaftstheorien"[1] ab. Auf dem dritten DGB-Kongreß konnte die rechte Führung nicht mehr verhindern, daß die Aufgaben der Arbeiterklasse zum Mittelpunkt der Verhandlungen wurden und daß sich der Kongreß gegen die Remilitarisierung Westdeutschlands erklärte.

In der jüngsten Zeit hat sich die Kluft zwischen den fortschrittlichen Sozialdemokraten und ihrer rechten Führung weiter vertieft. Von besonderer Bedeutung hierbei sind die Auffassungen Dr. AGARTZ', die zu den bekannten Vorgängen im Wirtschaftswissenschaftlichen Institut der Gewerkschaften geführt haben. Wir stimmen mit Dr. AGARTZ überein in der Kritik an dem Programm der Marktwirtschaftler, in der Ablehnung der Gewinnbeteiligung, in der Feststellung, daß die Mitbestimmung nicht den kapitalistischen Charakter der Wirtschaft ändert und daß die bürgerlichen Ökonomen den Grad der wirtschaftlichen Ausbeutung mit „ethischen Postulaten" verbrämen. Wir wissen, daß seine mutige Begründung für den Kampf um höhere Löhne ihm den Haß der Monopolherren und ihrer ausführenden Organe im Bonner Staatsapparat eingetragen hat.

Eine wichtige Rolle im Kampf um die Durchsetzung fortschrittlicher ökonomischer Auffassungen spielt unseres Erachtens die Gruppe sozialdemokratischer Wissenschaftler und Journalisten, die sich um „Die Andere Zeitung" schart, deren Herausgeber der frühere Chefredakteur des „Vorwärts" GERHARD GLEISSBERG ist. Ihre Mitarbeiter, wie zum Beispiel HORN, PIRKER, Dr. WENZEL, Mitglied des Bundestages und Präsident der Deutschen Friedensgesellschaft, die Professoren BAADE und ABENDROTH sowie viele andere, geben dem Kampfeswillen der Arbeiter mehr und mehr Ausdruck. Viele Mitarbeiter dieser Zeitung treten für die Verständigung mit den Kommunisten und mit den Werktätigen in der Deutschen Demokratischen Republik ein, bekennen sich zur Zusammenarbeit mit dem Friedenslager, erklären, daß die Partnerschaft endgültig tot ist, und nehmen den Kampf gegen die Agenten der imperialistischen Bourgeoisie in der Arbeiterbewegung auf.

---

[1] „Protokoll der Verhandlungen des Parteitages der Sozialdemokratischen Partei Deutschlands vom 20. bis 24. Juli 1954 in Berlin. Herausgeber: Vorstand der SPD, Bonn, S. 175.

So erklärte KURT HILLER in einem Aufsatz „Die Kommunisten und wir“:

> „Uns trennt von den Kommunisten dies und das. Uns eint mit Ihnen: der Wille zu umfassender Tilgung der uralten Schuld an den Armen und Knechten; der Wille, den Frieden zu erhalten. . .“[1]

Es ist unsere Aufgabe, den fortschrittlichen Wissenschaftlern in Westdeutschland bei ihrer großen geschichtlichen Aufgabe zu helfen, die volksfeindlichen ökonomischen Ansichten der herrschenden Richtungen zu analysieren und zu zerschlagen. So werden wir und sie entscheidend zur Lösung der wirtschaftlichen Fragen in Westdeutschland beitragen.

[1] „Die Andere Zeitung“, Hamburg, 20. Oktober 1955.

III. Zu einigen wichtigen Problemen

Wir gehen nunmehr dazu über, einige ökonomische Theorien, deren kritische Erörterung uns wichtig erscheint, einer eingehenderen Betrachtung zu unterziehen.

1. „Freie" und „soziale" Marktwirtschaft

Es wurde bereits dargelegt, warum nach 1945 die Lehre von der Marktwirtschaft, sei es die einer „freien" oder einer „sozialen" oder beider zusammen, zur herrschenden werden konnte. Die Marktwirtschaft ist in Wirklichkeit die Herrschaft der Monopole.

Die bürgerlichen Ökonomen bestreiten zwar nicht das Vorhandensein von Monopolen, aber sie erklären diese nicht ökonomisch. Viele Wirtschaftswissenschaftler sehen in der Frage der Monopole eine technisch-organisatorische Angelegenheit, wie zum Beispiel schon LIEFMANN in seinem Buch „Kartelle, Konzerne und Trusts" (1930). Oder sie behaupten, die Monopole seien eine Entartung der kapitalistischen Wirtschaft, und versuchen, das Monopolproblem vom Standpunkt der Ethik, der idealistischen Philosophie zu erklären. Die westdeutschen Marktwirtschaftler nach 1945 bemühen sich, den Anschein zu erwecken, als ob die Monopolfrage zumindest von untergeordneter Bedeutung wäre. Ja, einer ihrer namhaften Vertreter, RÖPKE, behauptet sogar, daß die Monopole eine immer geringere Rolle spielen, um schließlich — wenn sich seine Theorie durchgesetzt habe — überhaupt zu verschwinden. Deshalb muß man sagen, daß diese Ökonomen mit ihren Theorien die Herrschaft der Monopole zu verschleiern suchen, und muß noch hinzufügen, daß sie sich bemühen, diese Herrschaft der Monopole in „ihre" Marktwirtschaft umzufälschen.

Es ist jedoch eine Tatsache, die durch kein Geschwätz bürgerlicher Ökonomen aus der Welt geschafft werden kann, daß im Verlauf des letzten Drittels des neunzehnten Jahrhunderts sich in den wichtigsten kapitalistischen Ländern der Übergang vom Kapitalismus der freien Konkurrenz zum Imperialismus vollzog. Die

Herausbildung und die Herrschaft der Monopole ist das wichtigste, grundlegende Merkmal des Imperialismus.

> „Der monopolistische Kapitalismus oder Imperialismus ist das höchste und letzte Stadium des Kapitalismus, dessen Grundmerkmal die Ablösung der freien Konkurrenz durch die Herrschaft der Monopole ist[1]."

Die Vertreter einer „freien" und „sozialen" Marktwirtschaft, vor allem die Neoliberalen, gruppieren ihre Argumente in der Hauptsache um das Monopolproblem und den Konkurrenzkampf. Dabei ordnen sie diese beiden Fragen ihrer reaktionären, volksfeindlichen Auffassung von der „Freiheit" unter.

Bekanntlich haben MARX und ENGELS das Problem der Ökonomie und Freiheit wissenschaftlich erforscht und gelöst. Den Apologeten des Imperialismus blieb es vorbehalten, dieses bereits geklärte Problem zu verfälschen. Die Klassiker des Marxismus untersuchten die Bedingungen, die die Menschen schaffen müssen, um nicht mehr der blinden Wirkung ökonomischer Gesetze unterworfen zu sein. Sie kamen zu der Schlußfolgerung, daß die Eigentumsfrage — die Grundlage der Produktionsverhältnisse — den Schlüssel zur Lösung dieses Problems bildet.

> „Die Freiheit. . . kann nur darin bestehn, daß der vergesellschaftete Mensch, die assoziierten Produzenten, diesen ihren Stoffwechsel mit der Natur rationell regeln, unter ihre gemeinschaftliche Kontrolle bringen, statt von ihm als von einer blinden Macht beherrscht zu werden. . .[2]"

In der Union der Sozialistischen Sowjetrepubliken wurde dieses Problem zum ersten Male praktisch gelöst. Dort wurden durch die Herrschaft der Arbeiter und Bauern die Voraussetzungen dafür geschaffen, daß eine Gesellschaft entstehen konnte, in der die Menschen zu Beherrschern der ökonomischen Prozesse wurden. Heute trifft dies für alle die Länder zu, die den Weg zum Aufbau des Sozialismus beschritten haben. Freiheit ohne Sozialismus ist keine wirkliche Freiheit. Die Werktätigen der Deutschen Demokratischen Republik wissen, daß sie durch die Errichtung der Arbeiter-und-Bauernmacht den Weg zur Erringung der Freiheit gegangen sind.

---

[1] „Politische Ökonomie", Lehrbuch, Dietz Verlag, Berlin 1955, S. 254.

[2] KARL MARX, „Das Kapital", Band III, S. 873.

Aber gerade diese Grundfrage der Freiheit, nämlich unter welchen Produktionsverhältnissen die Menschen leben, paßt nicht in das Konzept der bürgerlichen Ökonomen. Deshalb verschleiern sie die Eigentumsfrage. Da ihr sozialer Auftrag die Rechtfertigung des Eigentums der Monopole an den Produktionsmitteln verlangt, kann man von ihnen keine objektive Analyse der Eigentumsverhältnisse erwarten. Auf eine wissenschaftliche Analyse der Eigentumsfrage zu verzichten, bedeutet jedoch nichts anderes als den Bankrott ihrer Theorien.

RÖPKE bemüht sich, das Eigentumsproblem überhaupt in den Hintergrund treten zu lassen. In seinem Buch „Die Lehre von der Wirtschaft" gestattet er sich, diese Frage überhaupt nicht zu erwähnen. EUCKEN will sich damit auseinandersetzen und erklärt, daß ohne Privateigentum an Produktionsmitteln eine Wettbewerbsordnung nicht verwirklicht werden könne, ja er versteigt sich sogar zu der Behauptung, daß die Wettbewerbsordnung eine Voraussetzung dafür sei, daß dieses Privateigentum nicht zu wirtschaftlichen und sozialen Mißständen führe. Der Kontrolleur hierfür sei die Konkurrenz. Aber da er anscheinend an die von ihm erdichtete Kontrolle selbst nicht glaubt, fügt er hinzu, daß Mißstände nicht zu vermeiden wären, wenn nicht alle Wettbewerbsregeln beachtet würden und Monopole entständen. Die Wirklichkeit ist aber doch heute nicht so, daß wir von der Entstehung von Monopolen, sondern von der Herrschaft der Monopole zu sprechen haben. Um schließlich auch die Arbeiter für seine Freiheitsordnung zu gewinnen, behauptet er, daß im Rahmen seiner Ordnung das Privateigentum ja nicht nur dem Eigentümer, sondern auch dem Nichteigentümer Nutzen bringe. Man darf hinzufügen, daß damit auch EUCKEN einen nicht unwesentlichen Beitrag zum Bankrott seiner eigenen Theorie geleistet hat.

Was soll man weiter von solchen Theorien halten, die behaupten, in der „freien" und „sozialen" Marktwirtschaft bestände die sogenannte Konsumfreiheit. Konsumfreiheit im Monopolkapitalismus kann es in Wirklichkeit gar nicht geben. Denn diese Freiheit ist nichts anderes als die Notwendigkeit der Reproduktion der Ware Arbeitskraft, wobei die Werktätigen nicht kaufen können, was sie wollen, sondern was ihnen die beschränkte Kaufkraft ihrer Löhne gestattet. Jedoch ist nicht nur die Kaufkraft der Arbeiter beschränkt, sondern darüber hinaus auch die weiter Kreise der Mittelschichten. Was soll das Schlagwort von der Konsumfreiheit bedeuten, wenn sich die Arbeiter gezwungen sehen, Überstunden zu machen, nur um das Existenzminimum zu erreichen, und wenn das Einkommen von Millionen Bürgern des westdeutschen Staates unter dem Existenzminimum liegt? Oder wird nicht der ganze Widersinn einer solchen Theorie offenbar, wenn in den USA die Regierung den Vorschlag macht, zwanzig Prozent der Anbaufläche des Landes in Steppe zu verwandeln, weil die Massen die Agrarprodukte nicht kaufen können? Eine Herrschaft der Konsumenten kann es im Kapitalismus nicht geben. Mit der Aufstellung solcher Theorien bezwecken die Apologeten nur, die Massen von der tatsächlichen Herrschaft der Monopolisten und Militaristen abzulenken.

Nicht anders verhält es sich mit der Lehre von der freien Wahl des Arbeitsplatzes, wobei man verschweigt, daß diese Freiheit durch den unerbittlichen ökonomischen Zwang für den Arbeiter, seine Arbeitskraft an den Kapitalisten zu verkaufen, bestimmt wird.

Da die Apologeten des Imperialismus in Westdeutschland dem Volke den Weg zur wirklichen Freiheit nicht aufzeigen können, verleumden sie die sozialistische Gesellschaft und bezichtigen diese der Unfreiheit und der Knechtung.

Die Verfälschung des Freiheitsbegriffes gibt den Theoretikern der „freien" und „sozialen" Marktwirtschaft die Grundlage für ihre Monopoltheorie, die die Neoliberalen „Antimonopolismus" nennen. Unter diesem Deckmantel konnte sich die Restaurierung der monopolkapitalistischen Macht vollziehen. Dazu kam, daß der Übergang des Monopoleigentums in Volkseigentum in der damaligen sowjetischen Besatzungszone eine „antimonopolistische" Rechtfertigung in Westdeutschland verlangte. So glaubte man, den wiedererstehenden deutschen Imperialismus mit der Phrase von der „sozialen" Marktwirtschaft tarnen zu können.

Die marxistisch-leninistische Ökonomie hat wissenschaftlich nachgewiesen, daß in der Periode des vormonopolistischen Kapitalismus, in der die freie Konkurrenz herrscht, die Konzentration der Produktion und des Kapitals die Monopole schafft, daß das Wirken des Gesetzes der Konzentration und Zentralisation des Kapitals zu großen und größten Betrieben führt und daß demgegenüber die kleinen und mittleren Betriebe, auch wenn sie nominell in der Mehrzahl bleiben, eine völlig untergeordnete Rolle spielen. Die fortschrittliche Wissenschaft vermag aber auch — weil sie die ökonomischen Gesetzmäßigkeiten erforscht — den Weg zu zeigen, auf dem die Macht der Monopole gebrochen wird.

> „Das Kapitalmonopol wird zur Fessel der Produktionsweise, ... Die Zentralisation der Produktionsmittel und die Vergesellschaftung der Arbeit erreichen einen

Punkt, wo sie unverträglich werden mit ihrer kapitalistischen Hülle. Sie wird gesprengt. Die Stunde des kapitalistischen Privateigentums schlägt. Die Expropriateurs werden expropriiert[1]."

Die Neoliberalen haben trotz alldem den Mut, die ökonomischen Ursachen der Monopolbildung zu leugnen. Sie behaupten, die Monopolbildung sei hauptsächlich auf Mängel in der Gesetzgebung zurückzuführen. Also bedürfe es keiner Veränderung der ökonomischen Verhältnisse und könne man auf dem Wege des Rechtes mit Gesetzen gegen Wettbewerbsbeschränkung, mit Hilfe eines „starken Staates" die Macht der Monopole verhindern. Röpke versucht hierbei durch Worte zu ersetzen, was in der Tat nicht bewiesen werden kann. Mit dem Kraftaufwand eines wildgewordenen Kleinbürgers spricht dieser Apologet des Monopolkapitals von seiner „antikapitalistischen, revolutionären" Haltung und erklärt, Tolerierung und Überwachung würden allein nicht genügen, man müsse die Monopole abschaffen.

Die rechten sozialdemokratischen Führer sind grundsätzlich nicht gegen kapitalistische Monopole, sondern sprechen von der Möglichkeit einer demokratischen Kontrolle „unvermeidlicher Monopole".

Die von den rechten sozialdemokratischen Führern im Aktionsprogramm von 1954 proklamierte „aktive Wettbewerbspolitik" beweist, daß diese „Führer" sich nicht nur der Politik der Monopole unterwerfen, sondern sie auch unterstützen.

Die Neoliberalen verbinden mit ihrer Monopolkritik eine Glorifizierung des kapitalistischen Konkurrenzkampfes, der in ihrer harmonisierenden Terminologie zum „marktwirtschaftlichen Wettbewerb" wird.

Eine wissenschaftliche Theorie der kapitalistischen Konkurrenz hat deren Ursachen aufzudecken. Sie hat aufzuzeigen, welche Besonderheiten im Konkurrenzkampf sich durch die Existenz der Monopole ergeben, welche Folgen die „freie Konkurrenz" beim Vorhandensein riesiger Monopole für die Arbeiter, die einfachen Warenproduzenten und für die nicht-monopolisierte Bourgeoisie hat. In den herrschenden ökonomischen Theorien dagegen wird dieser sogenannte marktwirtschaftliche Wettbewerb als „idealer" Regulator der Wirtschaft dargestellt, der die kapitalistische Wirtschaft angeblich zu einer Einrichtung macht, welche die Bedürfnisse der Menschen am besten befriedigen kann.

---

[1] Karl Marx, „Das Kapital", Band I, S. 803.

Die Neoliberalen versuchen deshalb, sich der schwierigen Aufgabe zu unterziehen, die Herrschaft der stärksten Monopole in Westdeutschland durch ihre „Wettbewerbsordnung" zu verschleiern. Das geschieht auf verschiedenem Wege. RÖPKE hat zum Beispiel wiederholt gezeigt, daß er eine besondere Geschicklichkeit besitzt, Tatsachen zu verdrehen. Er macht den Versuch, den sozialistischen Wettbewerb zu diffamieren, indem er ihn als eine unvollkommene Nachahmung des kapitalistischen Konkurrenzkampfes hinstellt. Man kann dieses Bemühen verstehen, denn die ständig wachsenden Erfolge der Werktätigen der Deutschen Demokratischen Republik im sozialistischen Wettbewerb beunruhigen die Apologeten des Kapitalismus. Sie befürchten, daß sich die Arbeiter in Westdeutschland immer mehr von der Überlegenheit der gesellschaftlichen Verhältnisse der Deutschen Demokratischen Republik gegenüber den Verhältnissen der Bundesrepublik überzeugen.

Die rechten sozialdemokratischen Führer wiederum propagieren eine „Synthese von Wettbewerb und Planung", einen dritten Weg. Sie bezeichnen dies als eine sozialistische Wirtschaftspolitik, wobei es unerheblich sei, ob man eine solche Ordnung als „sozialistische Marktwirtschaft", als „regulierte Marktwirtschaft" oder als „Marktwirtschaft von links" bezeichne.

Auf dem Kölner SPD-Kongreß vom 14. und 15. Januar 1956 erklärte Dr. DEIST zur sozialdemokratischen Wirtschaftspolitik:

> „Freiheit der Konsumwahl und der Arbeitsplatzwahl dürfen nicht angetastet werden[1]."

Es wurde bereits dargelegt, was von solchen „Freiheiten" im Kapitalismus zu halten ist. Hinzuzufügen ist lediglich, daß mit dieser Erklärung der rechten sozialdemokratischen Führung klar und unmißverständlich zum Ausdruck gebracht wird, daß in diesen Fragen, die für die Arbeiterklasse von so grundsätzlicher Bedeutung sind, es keinen, auch nicht den geringsten Unterschied zu den „Theorien" eines RÖPKE oder irgendeines anderen Ökonomen der Monopolkapitalisten mehr gibt.

Dr. DEIST fährt dann fort:

> „Soweit in der modernen Industriewirtschaft freie wirtschaftliche Tätigkeit und freier Wettbewerb möglich sind, sind sie zu erhalten, zu schützen und nach Möglichkeit auszuweiten. Der freie Wettbewerb ist ein entscheidendes Mittel sozialdemokratischer Wirtschaftspolitik[1]."

---

[1] „Vorwärts", Köln, 20. Januar 1956.

Der „freie Wettbewerb", das ist, wie bereits nachgewiesen wurde, die Herrschaft der stärksten Monopole in Westdeutschland, die Verschleierung des staatsmonopolistischen Kapitalismus. Das also meinen die rechten SPD-Führer, wenn sie vom dritten Weg, von der „Synthese von Wettbewerb und Planung" sprechen.

Der Tiefstand und die Ungeheuerlichkeit der Ansichten dieser „Führer" einer Arbeiterpartei wird dadurch noch unterstrichen, daß OLLENHAUER die auf dem Kölner Kongreß entwickelten Auffassungen als „richtungweisend" für die „Neuordnung Deutschlands", für die Wiedervereinigung bezeichnete.

Die Herrschaft der Monopole in ganz Deutschland, das ist das Programm der rechten sozialdemokratischen Führer. Eine Wiedervereinigung auf dieser Grundlage wird es niemals geben, weil es in Deutschland einen Arbeiter-und-Bauernstaat gibt, dessen wirtschaftliche Entwicklung den Interessen der Arbeiter entspricht, und weil es das Interesse der Arbeiterklasse in ganz Deutschland verlangt, daß das wiedervereinigte Deutschland ein demokratischer, friedliebender Staat ohne Monopole ist.

Die ganze Unhaltbarkeit marktwirtschaftlicher Theorien läßt sich an den Stellungnahmen und Gutachten bürgerlicher Ökonomen zur Kartelldebatte illustrieren. Es ist sehr bezeichnend, daß sich Dr. DEIST in seinem bereits erwähnten Referat voll und ganz den Standpunkt der bürgerlichen Ökonomie in der Kartellfrage zu eigen macht.

Aus alldem ziehen wir die Schlußfolgerung, daß die Lehre von der „freien" und „sozialen" Marktwirtschaft ein Betrug am Volke ist. Vergleichen wir nochmals unsere These mit RÖPKEs Definition von der Marktwirtschaft.

> „Marktwirtschaft aber heißt Freiheit des Marktes, freie Preise und elastische Kosten, heißt Anpassungsfähigkeit, Geschmeidigkeit und Unterwerfung der Produzenten unter die Herrschaft der Nachfrage[1]."

Die „Marktwirtschaft" RÖPKES, das ist der staatsmonopolistische Kapitalismus in Westdeutschland. Die „Freiheit des Marktes" und die „freien Preise" werden bestimmt durch die Monopole. Und schließlich ist die „Unterwerfung der Produzenten unter die Herrschaft der Nachfrage" in Wirklichkeit die Herrschaft der Monopole über das Volk, um Maximalprofite zu erzielen.

---

[1] WILHELM RÖPKE, „Civitas Humana", Eugen Rentsch Verlag, Erlenbach-Zürich 1949, S. 74.

Bei der Kritik der Marktwirtschaftskonzeption wird vielfach die Frage der bewußten oder unbewußten Apologetik und die der bürgerlichen oder kleinbürgerlichen Ökonomie aufgeworfen. Wir bestreiten nicht, daß, wenn kleinbürgerliche Ökonomen die freie Konkurrenz fordern, dies Ausdruck einer ehrlichen antimonopolistischen Einstellung sein kann. Es ist aber darauf hinzuweisen, daß eine solche Einstellung sich im Gegensatz zur gesellschaftlich notwendigen ökonomischen Entwicklung befindet und deshalb reaktionär ist, weil es kein Zurück zur freien Konkurrenz, sondern nur ein Vorwärts zum Sozialismus gibt.

Was die bewußte oder unbewußte Apologetik betrifft, so vertreten wir die Auffassung, daß die führenden Vertreter der „freien" und „sozialen" Marktwirtschaft bewußte Apologeten sind, und daß es im allgemeinen und im grundsätzlichen in dieser arbeiterfeindlichen Lehre eine Front von RÖPKE über ERHARD und MÜLLER-ARMACK bis zu den rechten Führern der SPD gibt.

Die Arbeiter in Westdeutschland erkennen die Brüchigkeit marktwirtschaftlicher Lehren und bewiesen dies durch ihren täglichen Kampf gegen den westdeutschen Imperialismus.

2. Die Verschleierung der verschärften Ausbeutung

Es liegt im Wesen der kapitalistischen Wirtschaft, daß sie von ihren Ökonomen verlangt, die Ausbeutung zu verschleiern. Die Theorien zur Verschleierung der verschärften Ausbeutung in der allgemeinen Krise des Kapitalismus haben ihre Grundlagen in der bereits von Marx widerlegten bürgerlichen Auffassung von der „Klassenharmonie", von der „Gemeinsamkeit der Interessen" von Ausbeutern und Ausgebeuteten. Die vielfältigen Erscheinungsformen dieser Theorie haben neben der Verschleierung der Ausbeutung noch die Aufgabe, die Arbeiter für die kapitalistische Rationalisierung zu gewinnen und sie vom revolutionären Kampf für den Sturz des Kapitalismus abzuhalten.

So wie die meisten westdeutschen Wirtschaftswissenschaftler verschweigen, daß es das Ziel der kapitalistischen Produktion ist, Profit zu erzielen, so leugnen sie im allgemeinen auch die Ausbeutung im Kapitalismus. So behauptet EUCKEN, daß es im Kapitalismus keine Ausbeutung zu geben brauche. Man müsse nur der „Vermachtung" entgegenwirken und das Gleichgewicht zwischen den Partnern herstellen. So ähnlich sagen es die rechten sozialdemokratischen Führer auch, wenn sie „Gleichheit wirtschaftlicher Startbedingungen" im Aktionsprogramm von 1954 verlangen. Die sogenannten Sozialpartner sind aber die Besitzer der Produktionsmittel auf der einen Seite, und diejenigen, die nichts besitzen als ihre Arbeitskraft, auf der anderen Seite. Um von diesem Tatbestand abzulenken, versucht EUCKEN, die sozialistische Wirtschaft zu diffamieren, indem er behauptet, daß in der „Zentralverwaltungswirtschaft" zumindest „die Vermutung der Ausbeutung der arbeitenden Bevölkerung zugunsten der Führungsschicht"[1] gegeben sei.

Die Theorie, die in erster Linie dem Ziele dient, die Arbeiter für die Erzielung von Maximalprofit zu gewinnen, ist die Lehre von der Sozialpartnerschaft. Nach dieser Theorie haben angeblich die Kapitalisten und die Arbeiter die gleichen Interessen, nämlich die Produktivität zu steigern. MARX hat nachgewiesen, daß die Hauptklassen im Kapitalismus die Klasse der Kapitalisten und die Arbeiterklasse sind, deren Interessengegensatz sich mit zunehmender Ausbeutung verstärkt. Die von den rechten SPD- und DGB-Führern vertretene Partnerschaftstheorie ist deshalb besonders gefährlich, weil die rechten SPD-Führer diese Theorie zur Grundlage ihrer Politik gemacht haben und weil sich diese Theorie auf eine Reihe von Maßnahmen stützt, die die Arbeiter den Kapitalisten abgerungen haben, sowie auf Maßnahmen des Klassengegners zur Korrumpierung eines Teiles der Arbeiter.

Konkrete Erscheinungsformen der Partnerschaftstheorie sind unter anderem die Gewinnbeteiligung und das Miteigentum. Bei den Arbeitern soll die Illusion erweckt werden, daß sie zum Beispiel durch den Erwerb von Aktien in irgendwelcher Form keine Lohnarbeiter mehr sind, sondern Miteigentümer des Betriebes. Diese sogenannten Miteigentümer haben kein Mitbestimmungsrecht, aber sie unterliegen der verschärften Ausbeutung. An dem kapitalistischen Charakter des Betriebes ändert sich natürlich nichts. Die Frage der Gewinnbeteiligung oder des Erwerbes von Aktien durch die Arbeiter ist durchaus nichts Neues im Kapitalismus. In der Praxis haben die kapitalistischen Unternehmer damit nie einen großen Erfolg gehabt. Die Arbeiter erkannten, daß durch solche Aktionen in ihnen die Illusion erweckt werden sollte, jetzt keine Proletarier mehr, sondern Besitzbürger zu sein. Sie wurden sich bewußt, daß sie zugleich dazu beitragen sollten, die kapitalistischen Betriebe von ihrem Lohn zu finanzieren und so die Profite zu steigern.

---

[1] WALTER EUCKEN, „Grundsätze der Wirtschaftspolitik", A. Francke Verlag, Bern 1952, S. 316.

Die bürgerlichen Ökonomen und die rechten Führer der SPD nennen diese Methode, die in Wahrheit den Arbeitern Lohn vorenthält und somit die Ausbeutung steigert, „gerechte Lohnfindung".

Die apologetische Literatur zur Frage der Partnerschaft ist unübersehbar, — und das ist durchaus verständlich. Eines der übelsten Machwerke ist die Schrift von HERBERT GROSS „Manager von Morgen", wobei Manager mit Partnerschaft verbunden und das Ganze als die Wirtschaftsform der Zukunft bezeichnet wird.

Welche Aufgaben sich die bürgerliche Betriebswirtschaftslehre unter anderem stellt, dafür ist die 1955 erschienene Schrift „Partnerschaft im Betrieb" von GUIDO FISCHER, Professor der Betriebswirtschaftslehre an der Universität München, ein Beispiel. FISCHER vertritt sowohl Ansichten der katholischen Soziallehre als auch des Neoliberalismus und des Faschismus. Er irrt, wenn er sagt, daß die „Partnerschaft im Betrieb" etwas Neues sei. Wir haben unter dem Faschismus bereits ähnliches erlebt. Seine Auffassungen über die Zielsetzung der Partnerschaft sind sehr aufschlußreich. Der bürgerliche Betriebswirtschaftler wehrt sich gegen die Einengung der Partnerschaft, nämlich, daß man in erster Linie davon im Zusammenhang mit der Kapitalausstattung eines Betriebes oder einer der verschiedenen Formen der Erfolgsbeteiligung der Arbeiter spreche. Partnerschaft und Erfolgsbeteiligung seien durchaus nicht dasselbe, denn dann würde ja in Krisenzeiten oder in Verlustjahren die Partnerschaft verlorengehen. Man kann also erkennen, welches der Sinn dieser Schrift ist. Es geht deshalb FISCHER gar nicht nur um sogenannte betriebswirtschaftliche Fragen, sondern darum, den Arbeiter an den Kapitalisten zu ketten. Deshalb erklärt er, daß es auf die geistige Grundhaltung bei allen Beteiligten ankäme.

Den Höhepunkt der Partnerschaft bilde dann, nach FISCHER, der sogenannte Partnerschaftsvertrag. Darin müsse der Arbeiter sich zur vertrauensvollen Zusammenarbeit mit seinem Ausbeuter, dem Kapitalisten, verpflichten und unterschreiben, daß das arbeitsrechtliche Verhältnis durch die Partnerschaft nicht berührt würde, dagegen die Auflösung des arbeitsrechtlichen Verhältnisses auch die Auflösung des Partnerschaftsverhältnisses zur Folge habe.

Die rechten SPD-Führer fordern im Sinne der Partnerschaft eine Änderung des Aktienrechts, um die Aktie „volkstümlicher" zu machen.

Alle diese Methoden der gesteigerten Ausbeutung sollen die Solidarität der Arbeiterklasse zerstören, Verwirrung über den kapitalistischen Charakter des Betriebes in die Arbeiterklasse hineintragen, um noch mehr Profit aus den Arbeitern herauszupressen. Das beweist das besonders schnelle Steigen der Profite in den Betrieben, die dieses „System" eingeführt haben.

Ein untrennbarer Bestandteil der forcierten Ausbeutung in Westdeutschland ist die in sehr differenzierten Formen erfolgende Propaganda der sogenannten gerechten Verteilung des Sozialprodukts. Das Aktionsprogramm der SPD von 1954 spricht sogar von der Möglichkeit einer „gerechteren Verteilung" im Kapitalismus. Das Aktionsprogramm des DGB von 1955 hingegen stellt die in steigendem Maße zuungunsten der Arbeiter erfolgende Verteilung des „Sozialproduktes" fest. Man muß aber darauf hinweisen, daß dieses Programm nichts über die kapitalistischen Produktionsverhältnisse als Ursache dieser Erscheinung sagt.

Es ist überhaupt falsch, von einer gerechten oder gerechteren Verteilung zu sprechen. Die Distribution im Kapitalismus beruht auf den Eigentumsverhältnissen und wird durch den Kampf der Arbeiter gegen die Kapitalisten um die Bezahlung der Arbeitskraft zu ihrem Wert gekennzeichnet. Die Ideologie der „gerechten Verteilung" richtet sich gegen den Eckpfeiler der marxistischen ökonomischen Erkenntnis. Sie steht im stärksten Widerspruch zur Wirklichkeit, die in der Mehrwertstheorie formuliert ist. Sie ist auf die Erhaltung des „sozialen" Friedens gerichtet, will die Arbeiter entwaffnen und ihre politische Aktivität hemmen.

Da die Monopolisten gezwungen sind, die sich ständig steigernde Ausbeutung durch immer raffiniertere Methoden zu tarnen, bedienen sie sich der bürgerlichen Wirtschaftswissenschaftler sowie der rechten SPD- und DGB-Führer, die im Auftrage der Monopole die Notwendigkeit der Rationalisierung und Produktivitätssteigerung zu begründen haben.

Deshalb „beweisen" die Apologeten des Kapitals, daß Produktivitätsteigerung für alle Wohlstand bedeute. In Wirklichkeit jedoch führt die immer mit Intensitätssteigerung verbundene kapitalistische Produktivitätssteigerung zur gewaltigen Vermehrung der Profite und zur weiteren Verelendung der Arbeiterklasse. Die rechten SPD-Führer fordern in ihrem Wirtschaftsprogramm eine „aktive", auf Produktivitätssteigerung und Vollbeschäftigung gerichtete Wirtschaftspolitik.

Die Forderung nach Vollbeschäftigung im Kapitalismus soll ebenfalls dazu dienen, Illusionen in der Arbeiterklasse zu erwecken. Denn eine völlige Liquidierung der Arbeitslosigkeit im Kapitalismus widerspricht den im Kapitalismus wirkenden ökonomischen Gesetzen. Es wäre auch falsch, von „Vollbeschäftigung" zu sprechen, wenn ein Teil der Arbeitslosen sich in Rüstungsarbeiter und Soldaten verwandelt. Auch die Einführung zunehmend faschistischer Betriebsführungs- und Lohndruckmethoden durch die Monopole kann daran nichts ändern. Die Rationalisierung, insbesondere die Automatisierung, im Kapitalismus muß ständig zur Freisetzung von Arbeitskräften führen.

Schließlich reden die bürgerlichen Ökonomen von einer Lohn- und Preisspirale und erklären, daß Lohnerhöhungen die Preise steigern, die Arbeiter deshalb von Lohnkämpfen Abstand nehmen müßten und Lohnerhöhungen eine erhebliche Produktivitätssteigerung vorauszugehen hätte. Die Wirklichkeit besteht aber doch darin, daß die Monopole die Preise hochtreiben.

Zur Tarnung der brutalen Ausbeutung wenden die Monopole eine Vielfalt von Methoden an, die bewirken sollen, daß die Arbeiter von sich aus ihre Arbeitskraft für die Festigung des Kapitalismus restlos einsetzen. Es sei in diesem Zusammenhang nur auf die sogenannte analytische Arbeitsplatzbewertung und auf die Methoden der Arbeits- und Betriebspsychologie hingewiesen.

Der Vorsitzende der Bundesvereinigung Deutscher Arbeitgeberverbände, PAULSSEN, sagte kürzlich, die Arbeitgeber und die Gewerkschaften hätten ein gemeinsames Ziel: den Kampf gegen den Kommunismus. Aber dieses Programm dürfte ebensowenig auf die Dauer ausreichen, die verschärfte Ausbeutung zu verschleiern, wie die Weihnachtsbotschaft des Kölner Kardinals FRINGS vom 24. Dezember 1955, in der er ausrief: „Laßt ab von dem hektischen Streben nach Erhöhung des Lebensstandards."

Es ist unsere Aufgabe, die vom Klassenstandpunkt des Arbeiters so gefährlichen Ausbeutungstheorien zu zerschlagen. Wir stärken damit den Kampf der Werktätigen für Freiheit und gegen Ausbeutung und helfen ihnen, die gewerkschaftliche Losung zu verwirklichen: „Was des Volkes Hände schaffen, soll des Volkes eigen sein!"

Es wurde bereits darauf hingewiesen, daß auch die bürgerliche Betriebswirtschaftslehre ein wichtiges Instrument der Monopole zur Tarnung der brutalen Ausbeutung ist. Diese Lehre ist keine „zeitlose" Wissenschaft, wie ihre Vertreter so gerne behaupten.

Sie hat die Hauptaufgabe, dem Monopolkapital Wege zu zeigen, um Maximalprofit zu erzielen, und ihn zu verschleiern. Dies geschieht einmal durch rechnerische, organisatorische und betriebstechnische Hilfsmittel und zum andern durch Theorien aus dem Arsenal der bürgerlichen Ökonomie, angewandt auf den betriebswirtschaftlichen Zweck.

Die Entwicklung in der bürgerlichen Betriebswirtschaftslehre wird auch dadurch gekennzeichnet, daß beispielsweise SCHMALENBACH, der einen großen Teil ihrer terminologischen Bestimmungen formuliert, die Profitinteressen des Kapitals noch verhältnismäßig offen zum Ausdruck bringen konnte, während jetzt bekannte Vertreter dieser Lehre, wie GUTENBERG, sich dies nicht mehr gestatten können.

Die fortschrittliche Wissenschaft weiß, daß die bürgerliche Betriebswirtschaftslehre eine Waffe der Monopole gegen die Arbeiter ist. Die Auseinandersetzung mit dieser Lehre mit dem Ziele der Zerschlagung ihrer arbeiterfeindlichen Theorien ist nicht nur notwendig, um der Arbeiterklasse in Westdeutschland zu helfen, den Klassencharakter dieser „Monopolwissenschaft" zu erkennen, sondern auch, um die Reste dieser Ideologie in der Deutschen Demokratischen Republik zu beseitigen.

3. Konjunktur und „Planung"

In der allgemeinen Einschätzung der ökonomischen Wissenschaft in Westdeutschland, wurde versucht nachzuweisen, worin die Aufgaben der bürgerlichen Ökonomie in Westdeutschland bestehen. Es wurde die Abhängigkeit der bürgerlichen Ökonomie von ihren sozialen Auftraggebern, den Monopolen, aufgezeigt.

Es ist deshalb verständlich, daß die bürgerlichen Ökonomen längst darauf verzichtet haben, die kapitalistischen Krisen wissenschaftlich zu analysieren. Statt dessen wurden Konjunkturinstitute errichtet und Konjunkturtheorien aufgestellt. Es ist bekannt, daß sich die Prognosen der bürgerlichen Konjunkturtheoretiker als falsch erwiesen. Der von den westdeutschen Wirtschaftswissenschaftlern wieder sehr in den Vordergrund gestellte Konjunkturtheoretiker ERNST WAGEMANN, der neuerdings ein Buch über „Berühmte Denkfehler der Nationalökonomie" geschrieben hat, behauptete noch einige Wochen vor der Weltwirtschaftskrise 1929 in seiner damaligen Eigenschaft als Direktor des Instituts für Konjunkturforschung, daß die Hochkonjunktur andauern werde.

In SCHÄFFERs Grundriß des Rechts und der Wirtschaft, Band 35, „Allgemeine Volkswirtschaftslehre", ein Kompendium für die Examensvorbereitung der Studenten in Westdeutschland, wird offen und naiv gesagt, daß die bürgerliche Ökonomie eine allgemein anerkannte Konjunkturtheorie bisher noch nicht zustande gebracht habe. Die Konjunkturforschung habe hier noch ein großes Aufgabengebiet.

Wir sind anderer Meinung über dieses Aufgabengebiet. Unserer Auffassung nach hat MARX die einzige Möglichkeit, Krisen zu verhindern, aufgezeigt. Er wies nach, daß die Krisen mit der kapitalistischen Produktionsweise unlösbar verbunden sind und daß nur durch Aufhebung des Grundwiderspruchs der kapitalistischen Produktionsweise eine krisenfreie Wirtschaft möglich ist.

Bei einer kritischen Einschätzung der bürgerlichen Ansichten über Konjunktur und „Planung" muß man davon ausgehen, daß die Weltwirtschaftskrise von 1929 bis 1933, die erfolgreiche Erfüllung des ersten Fünfjahrplanes in der Sowjetunion und in noch verstärktem Maße die Entwicklung des kapitalistischen Lagers in der zweiten Etappe der allgemeinen Krise die bürgerlichen Konjunkturtheoretiker vor neue apologetische Aufgaben stellten.

Die Lehren J. M. KEYNES' konnten deshalb eine so weite Verbreitung finden, da hier die Behauptung aufgestellt wurde, die Mittel zur Überwindung der Anarchie der kapitalistischen Produktion, zur Beseitigung der Wirtschaftskrisen sowie der Arbeitslosigkeit entdeckt zu haben.

KEYNES erklärte die Mängel des Kapitalismus in der allgemeinen Krise und die Krisenerscheinungen selbst aus dem ungenügenden Anreiz für die Unternehmer zu investieren bei gleichzeitigem zu geringen Verbrauch und zu hoher Spartätigkeit. Dabei spielt die „Entdeckung" der Geldfunktion des Schatzes — gegenüber der bisherigen Vulgärökonomie — eine bestimmte Rolle. Deshalb fordert er Erhöhung des parasitären Konsums und „Verstaatlichung" der Investitionen, d. h., der monopolkapitalistische Staat soll mehr ausgeben und weniger einnehmen, soweit dies die Profitrate belasten würde, und durch „mäßige" Inflation sowie Kreditpolitik eine Reallohn- und Zinssenkung erreichen. Dies würde die Unternehmer zu erhöhten Investitionen veranlassen — vor allem Investitionen für die Rüstung — und gleichzeitig eine Verausgabung angesammelter Geldmittel bewirken. Das waren jedoch genau die Forderungen, die der staatsmonopolistische Kapitalismus an die bürgerliche Ökonomie zu stellen hatte.

Wir müssen uns darauf beschränken, aus der Unzahl von bürgerlichen Konjunkturtheorien nur einige zu nennen, wie die Überinvestitionstheorien von CASSEL und AFTALION, die statistische Konjunkturlehre von MITCHELL und WAGEMANN, die Überspartheorien von HOBSON, FOSTER und CATCHING, PREISERS Überakkumulationstheorie, die Zinsspannentheorien von WICKSELL, FISHER und MISES, die Wechsellagentheorie HAYEKS, HAHNS Theorie des inflatorischen Kredits, die Ernte- und psychologischen Theorien, wobei es sich um Bezeichnungen handelt, wie sie die bürgerlichen Ökonomen gebrauchen.

Unsere Aufgabe kann nur darin bestehen, das Typische dieser Vielzahl von Theorien aufzuzeigen. Dies besteht unseres Erachtens darin: In die Bildung und Weiterentwicklung der KEYNESschen Lehre gingen die monetären Konjunkturtheorien und teilweise die reaktionärsten Ausläufer der Unterkonsumtionstheorie mit ein. Von diesem umfassenden Verschmelzungs- und Durchdringungsprozeß der bürgerlichen Konjunkturlehren mit KEYNES' Ansichten ist heute auch die letzte und bisher noch relativ selbstständige Disproportionalitätslehre, wie sie SPIETHOFF vertritt, nicht ausgenommen. Diese Konjunkturtheorie erklärt die Krisen aus einer Überproduktion von Produktionsmitteln beziehungsweise aus Mangel an Geldkapital, diese zu kaufen.

Die gegenwärtigen Konjunkturlehren, wie sie auch in Westdeutschland vertreten werden, stimmen überein in der Leugnung der Gesetzmäßigkeit der Krisen — bei Anerkennung von Konjunkturschwankungen — und in der Reduktion der ökonomischen Vorgänge auf psychische Eigenschaften des Menschen. Sie empfehlen die Forcierung der Rüstungswirtschaft und die Senkung der Reallöhne zur Sicherung des Maximalprofits.

Die bürgerlichen Konjunkturtheorien stehen in engem Zusammenhang mit der Frage der kapitalistischen „Planung". Auf der Tagung der „Deutschen Volkswirtschaftlichen Gesellschaft" in Hamburg im November 1955 war das Hauptthema, ob sich die Konjunktur beeinflussen lasse, ohne allzuweit vom Weg der „freien" Marktwirtschaft abzuweichen. Was dieser wissenschaftlichen Gesellschaft einfiel, waren Vorschläge monetärer Art sowie Forderungen nach einer „sinnvollen" Lohn-, Preis- und Investitionspolitik.

Die Hauptfrage hierbei besteht für die bürgerliche Ökonomie in Westdeutschland darin, „nachzuweisen", daß der Kapitalismus sich ohne Krisen entwickeln und daß dabei die Fiktion einer „freien" und „sozialen" Marktwirtschaft aufrechterhalten werden kann.

Wie steht es nun mit der Frage der sogenannten Planung im Kapitalismus? Die Neoliberalen behaupten, die kapitalistische Anarchie sei die „beste" Planung. Ja, RÖPKE erklärt, daß im eigentlichen Sinne die Marktwirtschaft so gut eine Planwirtschaft sei wie die sozialistische Wirtschaft. Die Keynesianer wiederum reden von der Möglichkeit einer wirklichen Planung im Kapitalismus.

Man kann sagen, daß der monopolkapitalistische Staat in Westdeutschland sich in dieser Frage zur gleichen Zeit der Argumente der verschiedenen Richtungen bedient. Die Militarisierung der Wirtschaft, die Erhöhung des Geldumlaufs und die Preistreiberei zum Beispiel entsprechen den Ansichten der Befürworter der Wirtschaftsregulierung. Das Geschrei über Inflationsgefahr, das sich vor allem gegen die Lohnforderungen der Arbeiter richtet, das Auftreten gegen „Überhitzung" der Investitionstätigkeit und die Politik der Kreditrestriktion durch Diskonterhöhung entsprechen der Marktwirtschaftskonzeption.

Im Kapitalismus ist eine Planwirtschaft nicht möglich, weil Privateigentum an den Produktionsmitteln besteht, weil die ökonomischen Gesetze spontan wirken und somit jede gesellschaftliche Regulierung verhindern.

Deshalb ist auch eine echte volkswirtschaftliche Gesamtrechnung mit dem Ziel, ein Nationalbudget aufzustellen, unmöglich. Alle hierbei entwickelten Methoden dienen in erster Linie der Rüstungswirtschaft, der Vorbereitung und der Durchführung von Kriegen.

Die Neoliberalen — und es erscheint wichtig, darauf besonders hinzuweisen — wissen natürlich, daß der Monopolkapitalismus Eingriffe seitens des ihm untergeordneten Staatsapparates erfordert. Sie versuchen, den Widerspruch zwischen ihren Lehren vom marktwirtschaftlichen Wettbewerb und der Forderung nach Staatseingriffen mit dem Kunstgriff von den marktkonformen und und nichtkonformen Maßnahmen zu lösen. Dabei ist selbstverständlich all das marktkonform, was den Konzernherren nützt.

Es scheint jedoch nicht uninteressant und auch nicht unwichtig zu bemerken, daß führende Neoliberale gezeigt haben, daß sie sich auch anderer Theorien bedienen können. So schrieb unter der Herrschaft des Faschismus im Jahre 1937 der damalige Staatsanwalt und Dozent in Jena FRANZ BÖHM, heute Professor und CDU-Bundestagsabgeordneter, ein Buch, an dessen Vorwort WALTER EUCKEN mitwirkte, mit dem Titel „Die Ordnung der Wirtschaft als geschichtliche Aufgabe und rechtsschöpferische Leistung". In dieser Schrift bekennt sich BÖHM offen und frei zur faschistischen Wirtschaft. Das wird beispielsweise daraus ersichtlich, daß er wiederholt den berüchtigten Faschisten Dr. NONNENBRUCH zitiert und sich mit dessen Meinung identifiziert. BÖHM verbindet in dieser Nazischrift den Wettbewerb mit dem „autoritären Befehl". Daß er hierbei nicht nur referiert, sondern seine eigene Meinung zum Ausdruck bringt, beweist er an vielen Stellen dieses Buches. So verlangt er auf Seite 161, daß der Staat innerhalb des „autoritär zu lenkenden Bereichs der Gesamtwirtschaft" die Aufgabe habe, eine „gute und produktive Ordnung der Märkte" zu verwirklichen. Auf Seite 186 spricht er davon, daß eine Verletzung dieses Prinzips Marktsabotage und Auflehnung darstelle. Und schließlich verlangt er eine „denkbar straffe Konzentration und Zentralisation der wirtschaftspolitischen Führung". Man sieht also hieraus, wie wandlungsfähig die Theorien eines Neoliberalen sein können. Denn was BÖHM damals empfahl, ist nichts anderes als die „Planung" im staatsmonopolistischen Kapitalismus während der faschistischen Diktatur. Man sollte nicht übersehen, daß EUCKEN dieser Schrift seine Zustimmung gab.

Die rechten sozialdemokratischen Führer haben in den Fragen der Konjunktur und der „Planung" weitgehend den Standpunkt der bürgerlichen Ökonomen bezogen. Im Aktionsprogramm von 1954 heißt es, daß der Wettbewerb der kapitalistischen Betriebe deshalb durch eine volkswirtschaftliche Planung ergänzt werden müsse, damit in wechselnden Wirtschaftssituationen die Stabilität der gesamtwirtschaftlichen Entwicklung gesichert sei. Diese Auffassungen entsprechen im wesentlichen der Wirtschaftspolitik in allen monopolkapitalistischen Staaten.

Die rechten SPD-Führer berauschen sich an den alten und an den neuen „Volkswohlstandstheorien" (Welfare Economics). Sie übernehmen die Auffassungen KEYNES' zur Wirtschaftsregulierung, Kapitalmarktpolitik, Kapitallenkung, zu den Fragen der Investitionen, der Vollbeschäftigung und des Nationalbudgets. Man muß feststellen, daß ihre gegenwärtige Programmforderung, die Grundstoffindustrie in Gemeineigentum zu überführen, sich durchaus mit der KEYNESschen Theorie vereinbaren läßt.

Zur Frage der Planung erklärte OLLENHAUER im Oktober 1953 im Bonner Bundestag, daß es unzutreffend sei, wenn behauptet werde, die SPD sei Anhänger der Planwirtschaft und damit Gegner des freien Wettbewerbs; und auf dem Berliner Parteitag 1954 sagte er, daß Problem bestehe darin, eine Wirtschaftsordnung zu schaffen, „die das Auf und Nieder der Konjunkturen so auffängt, daß wir jederzeit allen Menschen einen sicheren Arbeitsplatz, einen angemessenen Lebensstandard und den sozial Schwachen ein Leben ohne Not ermöglichen"[1]. Bekanntlich will der Neoliberale ERHARD auch eine Wirtschaftsordnung, die den Krisenzyklus ausschließt.

Die Arbeiter in Westdeutschland haben gezeigt, daß sie für eine wirkliche Planwirtschaft, daß sie für die Vergesellschaftung der Produktionsmittel sind. Sie haben dies schon nach 1945 in den Volksabstimmungen in Hessen und in Nordrhein-Westfalen bewiesen.

Die Vergesellschaftung der Produktionsmittel läßt sich nur im Kampf gegen die Monopole und darum nur gegen die KEYNESschen und andere bürgerliche ökonomische Lehren erreichen. An dem Beispiel der Deutschen Demokratischen Republik haben heute alle Deutschen die Möglichkeit festzustellen, daß eine Planwirtschaft nur auf der Grundlage des sozialistischen Eigentums möglich ist und daß nur dann die Wirtschaft sich ohne Krisen entwickeln kann.

4. Expansions- und Aggressionstheorien

„Die Wiedererrichtung des deutschen Imperialismus war auch von seiner Wiederkehr auf dem kapitalistischen Weltmarkt begleitet", heißt es in einer These von Professor KAHN zu seinem Referat „Struktur und Entwicklung der Wirtschaft in Westdeutschland nach dem zweiten Weltkrieg".

Dementsprechend begannen auch bald nach 1945 die bürgerlichen Ökonomen, sich mit den Problemen des Außenhandels wieder zu beschäftigen. Bereits 1948 greift MÜLLER-ARMACK in seinem Buch „Wirtschaftslenkung und Marktwirtschaft" diese Fragen auf, wobei er im Prinzip der „alten" Idee der Großraumwirtschaft und der Großraumpolitik verhaftet bleibt. 1948 wurde der Verein für Sozialpolitik neu konstituiert. Die zur gleichen Zeit abgehaltene erste wissenschaftliche Tagung dieses Vereins befaßte sich mit dem Thema „Volkswirtschaftliche Probleme des deutschen Außenhandels". 1950 wurde ein Deutscher Weltwirtschaftstag abgehalten, dessen Präsidium unter anderem ERHARD, FRIEDRICH SPENNRATH, FRITZ BERG und SUHR angehörten. Dort wurde bereits ein Programm der „weltwirtschaftlichen Entwicklungsmöglichkeiten und -notwendigkeiten" des deutschen Imperialismus entwickelt.

Man sieht aus dieser Aufzählung, welche Anstrengungen die deutschen Imperialisten schon kurze Zeit nach 1945 machten, um die alte, aggressive Außenhandelsexpansion in dem Gewand der

---

[1] „Neuer Vorwärts", Köln, 23. Juli 1954.

Theorie der sogenannten internationalen Marktwirtschaft, die die Aufrechterhaltung von Maßnahmen des imperialistischen Protektionismus einschließt, wieder aufzunehmen.

Die hauptsächlichen Theorien hierzu waren die der „internationalen Marktwirtschaft" und die „Raumwirtschaftstheorie". Die Notwendigkeit der außenwirtschaftlichen Expansion der Monopole wurde damit begründet, daß die „alte Weltwirtschaft" durch die von den Regierungen verfolgte Politik der Beschränkung des internationalen Handels-, Zahlungs- und Kapitalverkehrs aufgelöst worden sei und die Neuordnung einer „internationalen Marktwirtschaft" mit „funktioneller Einordnung" Westdeutschlands erfolgen müsse.

Damit versucht man, die aggressiven Methoden des staatsmonopolistischen Kapitalismus beim Kampf um die Einflußphären auf dem kapitalistischen Weltmarkt sowie zur Untergrabung des innerdeutschen Wirtschaftsverkehrs und der Wirtschaftsbeziehungen mit den sozialistischen Staaten zu rechtfertigen.

In Wirklichkeit ist die Zersetzung der kapitalistischen Weltwirtschaft, der Zerfall des einheitlichen Weltmarktes, die Verschärfung des Marktproblems und die Zerrüttung der internationalen Handels- und Valutabeziehungen ein gesetzmäßiger Prozeß und verstärkt die Expansion des deutschen Imperialismus, die ungleichmäßige Entwicklung, wodurch sich die Widersprüche zwischen den kapitalistischen Staaten beim Kampf um die Einflußsphären vertiefen.

Um die aggressiven Expansionsbestrebungen des deutschen Imperialismus zu tarnen, sprechen ihre Verfechter von der „internationalen Marktwirtschaft" und behaupten, daß ihre Lehren dazu dienen sollen, sich dem „Idealzustand" einer „freien Weltwirtschaft" zu nähern. Sie legen hierbei der Anwendung der vulgärökonomischen allgemeinen Gleichgewichtstheorie auf den internationalen Handel die von RICARDO entlehnte Theorie der komparativen Kosten zugrunde. Sie behaupten, daß ihre Ansichten die „wirtschaftliche Integration Europas", den Abbau der Handelsschranken, die „freie Konvertibilität der Währungen" und Kapitalexporte zur „Förderung der unterentwickelten Länder" beinhalten.

Demgegenüber ist es aber doch in Wirklichkeit so, daß die außenwirtschaftlichen Beziehungen Westdeutschlands von den stärksten Monopolen zur Ausbeutung schwächerer Länder über nicht-äquivalenten Austausch, Ausplünderung und finanzielle Versklavung zwecks Sicherung von Maximalprofiten ausgenutzt werden.

Die heuchlerischen Erklärungen, über die sogenannte Integration Europas und internationale Organisationen zur Wirtschaftszusammenarbeit und Wohlstandsförderung der Welt beizutragen, haben vor allem den Zweck, die wirtschaftliche Untermauerung des aggressiven NATO-Paktes zu tarnen.

Die Forderung nach Abbau der Handelsschranken soll die Maßnahmen des imperialistischen Protektionismus des westdeutschen Monopolkapitals verschleiern und die Methoden der Monopole rechtfertigen, auf Kosten der durch die Liberalisierung geschädigten schwächeren inländischen Betriebe, besonders der werktätigen Bauern, auf dem kapitalistischen Weltmarkt vorzudringen.

Dabei bezweckt die Begründung des Überganges zu freier Konvertibilität die Durchbrechung der Schranken für die Exportexpansion westdeutscher Monopole, die Zurückdrängung Englands als internationales Verrechnungszentrum sowie die Erleichterung des Kapitalexports.

Die demagogische These, der westdeutsche Kapitalexport sei notwendig, um den Umbau der Wirtschaftsstruktur zu sichern und die Wirtschaft der unterentwickelten Länder zu fördern, soll die Expansion des Monopolkapitals, besonders in Überseeländern, sowie seine Bestrebungen rechtfertigen, die einseitige wirtschaftliche Entwicklung dieser Länder weiterzutreiben und die Rohstoffquellen zu plündern.

Die Wirklichkeit widerlegt auch die Argumente, die sich gegen Wirtschaftsbeziehungen Westdeutschlands mit sozialistischen Staaten richten. Da behaupten die Theoretiker der internationalen Marktwirtschaft, daß das sozialistische System einer Abkapselung und Isolierung unterliege und mit einer „liberalen Weltwirtschaft" unvereinbar sei. Demgegenüber muß man sagen, daß es die Eigenart der Form der Warenzirkulation durchaus möglich macht, private und sozialistische Wareneigentümer zu verbinden, da der Warenaustausch nur die Anerkennung der Gleichberechtigung und Unabhängigkeit der Eigentümer verlangt.

Es kann hier im wesentlichen nur der Hinweis gegeben werden, wie eng der Zusammenhang der bürgerlichen außenwirtschaftlichen Expansionstheorien mit der Geopolitik ist. Diese Lehre, die ihrem Kern nach keine ökonomische Theorie ist, verdient deshalb besondere Beachtung, weil sie das Ziel verfolgt, breite Kreise der Bevölkerung zu verwirren und zu vergiften, um deren Widerstand gegen die Politik und die Maßnahmen des Monopolkapitals zu brechen, ja, sogar ihre Mitarbeit für diese zu erreichen. Ihre vielfältigen Doktrinen, insbesondere die Lehre vom „Lebensraum", aber auch viele andere „Idealkonstruktionen", gehen von der verlogenen Behauptung aus, daß das Wohlergehen des deutschen Volkes die Versorgung der Bevölkerung ausschließlich aus eigenen Kräften erfordere. Diese Lehren verfolgen den Zweck, die Verantwortung für die Lage der Werktätigen einem angeblich nicht ausreichenden „Lebensraum", letztlich also der Natur, aufzubürden, und versuchen, hiermit die „zwangsläufige" wirtschaftliche und politische Expansion und damit die unabdingbare Notwendigkeit der Kriegsvorbereitung und Kriege zu begründen.

Die Lehre vom „Lebensraum" ist mit dem wiedererstandenen deutschen Imperialismus eng verbunden. Ihrer bedient sich das deutsche Monopolkapital zur Vorbereitung eines Krieges gegen die Deutsche Demokratische Republik.

In enger Beziehung zu dieser Lehre stehen solche reaktionären Auffassungen wie der bürgerliche Kosmopolitismus und der Neomalthusianismus. Viele ökonomische Lehren haben geopolitische Elemente in sich aufgenommen, wie zum Beispiel die Erklärung der unterschiedlichen Produktionskosten auf Grund vorwiegend natürlicher Bedingungen.

Die Expansion und die Aggressivität des westdeutschen Imperialismus sind in dem Streben der Monopole nach Maximalprofit begründet, das die außenwirtschaftlichen Expansionstheorien, die Geopolitik, der Neomalthusianismus und andere Lehren rechtfertigen sollen. Die Entlarvung dieser Theorien wird die Menschen in Westdeutschland erkennen lassen, daß es sich keinesfalls um irgendwelche mystische Gesetzmäßigkeiten handelt, die die Menschen als unabänderlich hinnehmen müssen.

5. *Sozialismus*

Wir sind uns bewußt, daß nur ein Überblick und eine allgemeine Einschätzung des gegenwärtigen Standes der ökonomischen Wissenschaft in Westdeutschland gegeben werden konnte.

Was ist das Ergebnis? Die bürgerliche Ökonomie hat, soweit es sich um die Theorie handelt, von den Monopolen den Auftrag, den wiedererstandenen Imperialismus in Westdeutschland in jeder Beziehung zu rechtfertigen.

Wir haben nachzuweisen versucht, daß so widerspruchsvoll wie der Kapitalismus, so wiederspruchsvoll auch die Theorien der bürgerlichen Ökonomie sind. Wir glauben, genügend Beispiele über die „Wandlungsfähigkeit" der bürgerlichen Ökonomen und ihrer Theorien gebracht zu haben.

Mögen die bürgerlichen Ökonomen und die rechten SPD-Führer noch so große Anstrengungen machen, um die kapitalistische Sklaverei zu verewigen, mögen sie alle Register der Hetze, der Lüge und der Verleumdung ziehen, um die Massen zu verwirren, niemals jedoch werden sie dem Volk den wissenschaftlich richtigen Weg zu Freiheit, Wohlstand und Glück aufzeigen können.

Der Weg, den die bürgerlichen Ökonomen vorschlagen, führt die Massen in weitere Verelendung, in Not und Krieg.

Die Frage, die Millionen und aber Millionen Menschen bewegt, lautet: Wie wird sich die Gesellschaft entwickeln? Darauf gibt allein die politische Ökonomie des Marxismus-Leninismus eine klare und exakte Antwort.

Dies ist deshalb möglich, weil sie von den ökonomischen Entwicklungsgesetzen ausgeht. Das im Monopolkapitalismus wirkende ökonomische Grundgesetz ist wie jedes ökonomische Gesetz ein objektives Gesetz. Die Menschen können diese Gesetze erkennen und im Interesse der Gesellschaft ausnutzen. Deshalb ist die fortschrittliche ökonomische Wissenschaft im Gegensatz zu der bürgerlichen Ökonomie allein in der Lage, die gesellschaftliche Entwicklung zu begründen.

Die Klassiker des Marxismus-Leninismus haben bewiesen, und das Leben hat es bestätigt, daß die gesellschaftliche Entwicklung zum Sozialismus führt. Sie ist nicht bei der Sklavenhaltergesellschaft und beim Feudalismus stehengeblieben. Warum sollte sie beim Kapitalismus stehenbleiben, der die Massen in Not, Elend und Krieg geführt hat und führt? Bei der Frage des Sozialismus scheiden sich heute die Ökonomen, die der Erforschung der Wahrheit dienen, von den Apologeten.

Was haben die bürgerlichen Ökonomen und ihr rechtssozialdemokratischer Nachtrab dem entgegenzusetzen? Die bürgerlichen Ökonomen bemühen sich, zu „beweisen", daß man den Kapitalismus reformieren kann. Die rechten sozialdemokratischen Führer behaupten, dieser zu reformierende Kapitalismus, das wäre der „freiheitliche" oder auch „demokratische" Sozialismus.

Demgegenüber hat die marxistische politische Ökonomie den Nachweis erbracht, daß der Untergang des Kapitalismus und der Sieg des Sozialismus unvermeidlich ist.

Das heißt nicht, daß der Kapitalismus von selbst zusammenbricht. Das heißt jedoch, daß im Imperialismus alle Widersprüche des Kapitalismus sich aufs äußerste verschärfen und daß die Bedingungen für die Beseitigung der Herrschaft der Monopole herangereift sind. Das heißt weiter, daß die Volksmassen unter der Führung der Partei der Arbeiterklasse in der Lage sind, eine wirklich demokratische Ordnung zu errichten.

Stellen wir die nächste Frage. Wie entwickeln die bürgerlichen Ökonomen ihre Theorien? Sie abstrahieren von der Wirklichkeit, sie versuchen die Tatsachen zu verschleiern und zu verfälschen. Sie stützen sich auf die reaktionäre Philosophie und haben keine wissenschaftliche Methode, mit der sie an den Stoff herangehen.

Die marxistische Theorie entwickelt sich in Übereinstimmung mit der Praxis. Sie bedient sich der einzig wissenschaftlichen Methode, des dialektischen Materialismus.

Gehen wir vom Leben aus, dann ergibt sich, daß der Kapitalismus ständig an Einfluß in der Welt verliert und daß der Sozialismus sich unaufhaltsam ausbreitet und entwickelt.

Die Wahrheit ist, daß die marxistische Theorie durch die Praxis bestätigt wird. Dies zeigt die grandiose Entwicklung der Union der Sozialistischen Sowjetrepubliken, dies zeigt der sozialistische Aufbau in den volksdemokratischen Ländern und der Deutschen Demokratischen Republik. In diesen Ländern gibt es keine Unterdrückung und Verelendung, keine Krisen und keine Ausbeutung. Denn die Produktionsverhältnisse sind völlig andere geworden, weil die Produktionsmittel in den Händen des Volkes sind und die Arbeiter und Bauern die Macht ausüben.

Diesen Weg, der durch die Praxis so vielfach bestätigt wurde, gehen die Arbeiter und Bauern in der Deutschen Demokratischen Republik.

Deshalb gehört der Deutschen Demokratischen Republik die Zukunft, weil sie sich auf die ökonomischen Entwicklungsgesetze der Gesellschaft stützt und aus der Verallgemeinerung der Erfahrungen des ersten sozialistischen Staates der Welt schöpft.

Und wenn wir in diesem Zusammenhang die Frage der friedlichen und demokratischen Wiedervereinigung stellen — und alle fortschrittlichen Menschen in Deutschland erstreben diese Wiedervereinigung —, dann bedarf es keines weiteren Beweises, daß das wiedervereinigte Deutschland nicht nach den Theorien der bürgerlichen Ökonomen gestaltet sein kann. Denn diese bürgerliche ökonomische Apologetik, das ist die Rechtfertigung der Vergangenheit, die in einem wiedervereinigten Deutschland niemals mehr zur Gegenwart werden kann.

Noch eine letzte Frage! Die bürgerlichen Ökonomen behaupten, die kapitalistische Wirtschaft wäre der sozialistischen überlegen. So versucht es HAYEK in seinem Buch „Individualismus und wirtschaftliche Ordnung" darzustellen, so versuchen es viele andere bürgerliche Ökonomen.

Die Gesellschaftsordnung in der Deutschen Demokratischen Republik ist dem westdeutschen Staat der Monopolherren und Militaristen überlegen. Denn die Deutsche Demokratische Republik ist der erste deutsche Staat, in dem die Arbeiter und Bauern die Macht in Händen haben. In unserem Arbeiter-und-Bauernstaat werden die objektiven ökonomischen Gesetze erkannt und zum Nutzen der Gesellschaft ausgenutzt, während in Westdeutschland die ökonomischen Gesetze blind wirken. Die Übereinstimmung der Produktionsverhältnisse mit den Produktivkräften ist hergestellt. Aus der Vergesellschaftung der wichtigsten Produktionsmittel ergibt sich die Wirksamkeit des Gesetzes der planmäßigen Entwicklung der Volkswirtschaft.

Die Erfahrungen aus der Entwicklung der sozialistischen Wirtschaft in der Sowjetunion und des sozialistischen Aufbaus in den Volksdemokratien haben bewiesen, daß die Werktätigen ohne Kapitalisten, ohne Großgrundbesitzer und ohne Militaristen auskommen können, daß sie weiter in der Lage sind, die Macht auszuüben und die Betriebe zu leiten. Sie sind aber auch fähig, ein höheres Wirtschaftssystem mit einer höheren Arbeitsproduktivität aufzubauen, weil die Interessiertheit der Massen an der unentwegten Steigerung der Arbeitsproduktivität in den sozialistischen Produktionsverhältnissen begründet ist.

Deshalb ist es ein durch nichts zu überbietender Unsinn, wenn RÖPKE und andere den sozialistischen Wettbewerb mit der kapitalistischen Konkurrenz vergleichen.

Deshalb ist es so grundfalsch, wenn die rechten Gewerkschaftsführer behaupten, die ausgebeuteten Arbeiter in Westdeutschland wären frei. Die Wirklichkeit beweist genau das Gegenteil. In Westdeutschland verkaufen die Arbeiter täglich ihre Arbeitskraft an die Monopole. In der Deutschen Demokratischen Republik haben die Arbeiter ihr Geschick in die eigenen Hände genommen, üben die politische Macht aus und bestimmen auf Grund der im Sozialismus wirkenden ökonomischen Gesetze die Entwicklung der Produktion und der Konsumtion. Deshalb sind die Arbeiter in den sozialistischen Betrieben ökonomisch, politisch, rechtlich und kulturell frei, während hingegen die Arbeiter in Westdeutschland unter dem Kommando ihrer Ausbeuter arbeiten und leben, also unfrei sind.

Deshalb sind auch all die Rechnungen über die Unwirtschaftlichkeit des Sozialismus, wie sie HAYEK und vor ihm MISES aufgestellt haben, völlig unhaltbar. Selbst CARL LANDAUER distanziert sich im „Handwörterbuch der Sozialwissenschaften" in seinem Aufsatz „Sozialismus" von der Behauptung MISES', daß der Sozialismus unfähig sei, das Problem der Wirtschaftsrechnung zu lösen, weil diese Preise voraussetze.

Während in Westdeutschland die Produktion der Erzielung von Maximalprofit untergeordnet ist, wird in der Deutschen Demokratischen Republik die Produktion durch die Befriedigung der wachsenden Bedürfnisse der Menschen bestimmt.

Deshalb ist der Sozialismus die fortschrittlichste Produktionsweise.

Die fortschrittliche ökonomische Wissenschaft in Deutschland hat eine große Verantwortung. Es ist ihre Aufgabe, die apologetischen ökonomischen Theorien der überlebten Bonner Wirtschafts- und Gesellschaftsordnung zu entlarven und zu zerschlagen, weil diese die breite Entfaltung der fortschrittlichen Kräfte in Westdeutschland hindern.

Wir wissen, daß die Feinde des Volkes versuchen, immer „neue" Theorien hervorzuzaubern und die Massen zu verwirren. Der rechte SPD-Führer KARL SCHILLER, Professor an der Universität Hamburg, hat in seiner jüngsten Publikation die Behauptung aufgestellt, daß wichtiger als das Eigentum die Eigentumsfunktion sei. Er ist mit seinen Auffassungen völlig bei der Managertheorie des Faschisten BURNHAM gelandet. Er schreibt:

> „Ich sehe eine der Hauptfunktionen des freiheitlichen Sozialismus darin, daß er ständig die hellen Köpfe nach oben bringt; daß sie damit die gleiche Chance haben, Eigentumsfunktionen, also auch: Managerpositionen, in die Hand zu bekommen[1]."

Diese schamlose Theorie bedeutet nichts anderes, als zu versuchen, begabte Arbeiter zu Handlangern der Monopole zu machen. Rechte sozialdemokratische Führer in Bayern erklären, daß durch die Atomentwicklung Klassenkampf und Sozialisierung überholte Begriffe seien. Ebenso zu bewerten sind die auf dem Kölner SPD-Kongreß — auf den bereits eingegangen wurde — vertretenen Ansichten, die gezeigt haben, daß die rechten SPD-Führer sich nicht nur der Politik der Monopole unterwerfen und

---

[1] KARL SCHILLER, „Sozialismus und Wettbewerb", Hamburg 1955, S. 33.

diese unterstützen, sondern daß sie für sich in Anspruch nehmen, aktive Vorkämpfer des „freien Wettbewerbs", also des staatsmonopolistischen Kapitalismus, zu sein.

Weil die Volksmassen in Westdeutschland den sich immer mehr verschärfenden Klassenkampf täglich am eigenen Leib verspüren, deshalb erfinden die Agenten in den Reihen der Arbeiterklasse solche Lehren, um die Massen vom Kampfe abzuhalten.

Unsere Waffe im Kampf gegen die volksfeindlichen ökonomischen Lehren in Westdeutschland ist die schöpferische Anwendung des Marxismus-Leninismus, nach dem sich das Leben der befreiten Völker auf einem großen Teil des Erdballes entwickelt und nach dem die Arbeiter und Bauern in der Deutschen Demokratischen Republik ihr Leben aufbauen.

Nur die unbesiegbare Lehre des Marxismus-Leninismus zeigt den Volksmassen in Westdeutschland den Weg zur Lösung der wirtschaftlichen Fragen.

Protokoll der Theoretischen Konferenz des Instituts für Wirtschaftswissenschaften bei der Deutschen Akademie der Wissenschaften zu Berlin vom 11. bis 14. März 1955

zu dem Thema:

DIE ÜBERGANGSPERIODE VOM KAPITALISMUS ZUM SOZIALISMUS IN DER DEUTSCHEN DEMOKRATISCHEN REPUBLIK

Herausgegeben vom Institut für Wirtschaftswissenschaften bei der Deutschen Akademie der Wissenschaften zu Berlin

(Schriften des Instituts für Wirtschaftswissenschaften bei der Deutschen Akademie der Wissenschaften zu Berlin, Heft 4)
1955 — 217 S. — gr. 8° — DM 3,50

Das Protokoll enthält sämtliche Diskussionsbeiträge in- und ausländischer Konferenzteilnehmer zu dem von Prof. Oelßner gehaltenen Referat über das Thema „Die Übergangsperiode vom Kapitalismus zum Sozialismus in der Deutschen Demokratischen Republik" sowie das Schlußwort des Referenten.
Es vermittelt einen Einblick in die in grundsätzlicher Aussprache behandelten Probleme. Die Konferenz ist ein Beitrag zur Lösung theoretischer und wirtschaftspolitischer Fragen der Übergangsperiode vom Kapitalismus zum Sozialismus in der Deutschen Demokratischen Republik und damit zur Lösung aller Lebensfragen des deutschen Volkes. Die Wirtschaftswissenschaftler aus den Akademieinstituten der Volksrepubliken bereicherten die Diskussion besonders durch die Darstellung der spezifischen Wirtschaftsprobleme ihres Landes.

Kolibri 360 GmbH
Ferdinand-Jühlke-Straße 7
99095 Erfurt, Deutschland
produktsicherheit@kolibri360.de